KB174262

국어 의존명사 연구

저자 김승곤

- 한글학회 회장 및 재단이사 역임
- 건국대학교 문과대학 국어국문학과, 대학원 졸업
- 건국대학교 인문과학대학장, 문과대학장, 총무처장, 부총장 역임
- 문화체육부 국어심의회 한글분과위원 역임
- 주요저서:『관형격조사 '의'의 통어적 의미분석』(2007),『21세기 우리말 때매김 연구』
  (2008),『21세기 국어 토씨 연구』(2009),『국어통어론』(2010),『문법적으로
  쉽게 풀어 쓴 논어』(2010),『문법적으로 쉽게 풀어 쓴 향가』(2013),『국어
  조사의 어원과 변천 연구』(2014),『21세기 국어형태론』(2015),『국어 부사
  분류』(2017),『국어 형용사 분류』(2018) 등

국어 의존명사 연구

© 김승곤, 2018

1판 1쇄 인쇄_2018년 07월 20일
1판 1쇄 발행_2018년 07월 30일

지은이_김승곤
펴낸이_이종엽

펴낸곳_글모아출판
등 록_제324-2005-42호

공급처_(주)글로벌콘텐츠출판그룹
　　　대표_홍정표　　이사_양정섭　　편집디자인_김미미　　기획·마케팅_노경민
　　　주소_서울특별시 강동구 풍성로 87-6(성내동) 글로벌콘텐츠
　　　전화_02) 488-3280　팩스_02) 488-3281
　　　홈페이지_http://www.gcbook.co.kr
　　　이메일_edit@gcbook.co.kr

값 11,200원
ISBN 978-89-94626-74-1 93710

국어의존명사 연구

김승곤 지음

글모아출판

머리말

글쓴이는 우리말에 의존명사가 얼마나 되며 그것이 나타내는 뜻은 어떠한가를 알고자 하여 『우리말사전』(한글학회)에서 일일이 통계를 내어 보았다. 그 통계자료에 나타난 우리말 의존명사는 모두 294개였는데 그것을 세 가지로 분류하여 이 책을 통해 소개하고자 하였다. 제1부에서는 사전에 실린 의존명사를 자모순으로 일일이 예시하여 보이고, 제2부에서는 그 뜻을 분석하되 우리말 의존명사의 뜻을 자세히 분석하여 다루었고, 제3부에서는 외래어 의존명사를 분석·분류하여 다루었다.

우리말 의존명사의 뜻을 분석하여 보니 그 갈래가 너무도 많고 복잡하였다. 그럼에도 선별한 의존명사를 일일이 분석하고 분류하여 읽는 이에게 편리를 주고자 하였다.

혹 뜻에 따른 분류가 잘못된 데가 있지 않나 걱정이 되나 크게 잘못된 일은 없으리라 믿는다.

이 책에서 사용한 주요 약어는 다음과 같다.

[비] 비슷한 말

[반] 반대말

[대] 대명사

⟨준⟩ 줄임말

⟨지⟩ 지리학

[보형] 보조형용사

[여불] 여불규칙활용

≪물≫ 물리학

≪불≫ 불교

≪수≫ 수학

≪화≫ 화학

그리고 ㄱ, ㄴ 등은 ①, ② 다음의 나눔 기호이다.

2018년 여름

지은이 삼가 씀

차례

제2부 우리말 의존명사의 의미에 따른 분류

제3부 외래어로서 국어의 의존명사가 된 것들

제**1**부

자모순에 따른 국어의 의존명사

여기서는 『우리말사전』의 차례에 따라 어떠한 의존명사가 있는가를 모두
보이기로 한다.

1. ㉠부의 의존명사

가리 삼을 벗길 때 널어 말리려고 몇 꼭지씩 한 데에 한 줌 남짓하
게 엮은 분량.

가마 갈모, 쌈지 따위를 셀 때 백 개를 단위로 일컫는 말.

가우스(도.gauss) 독일의 물리학자. 가우스가 제창한 자속의 밀도를
나타내는 시지에스(C.G.S) 단위. 1전자 단위의 자기량을 가지
는 자극에 1다인의 힘을 미치는 세기이다.

가웃 되, 말, 자의 수를 셀 때 그 단위의 약 반에 해당되는 수량. ㉠서
말 가웃. 대 자 가웃. 석 자 가웃. (참고)되사 <u>명</u> 말을 단위로 하여
셀 때에 남는 한 되 가량. ㉠두 말 되사.

가웃지기 논밭의 넓이에서 마지기를 세고 남는 반 마지기의 단위.
㉠두말 가웃지기.

가지 ①사물의 성질이나 특징에 따라 따로따로 구별되는 낱낱을
단위로 일컫는 말. ㉠한 가지 문제. 여러 가지 생물. '가지'를
단위로 쓰는 명사 아래에 쓰이어 '몇몇 가지'의 뜻을 나타냄.
㉠반찬 가지나 장만하여 차린 음식상.

간통(間─) 집의 몇 칸 되는 넓이. ㉠세 간통.

갈(프.gal) 가속도의 시지에스 단위 곧 $1cm/sec^2$.

강다리 쪼갠 장작을 셀 때 '백 개비'를 일컫는 단위. ㉠한 강다리하

고 반이니 모두 백 쉰 개비가 된다.

개년(個年) 한자말 숫자 다음에 쓰이어 햇수를 나타내는 말. ㉔오 개년. 칠 개년.

갤런(영.gallon) 영국의 부피단위로 기호는 gal. 1갤런은 4.546*l*이다. 미국의 1갤런은 3.785*l*이다.

개월(個月) 한자말 숫자 다음에 쓰이어 달수를 나타내는 말. ㉔삼 개월. 일 년 육 개월.

거 것의 준말. ㉔세상일이란 다 그렇고 그런 거야.

거리¹ 오이 가지 따위의 수효를 셀 때 50개를 단위로 일컫는 말. ㉔오이 한 거리. 가지 세 거리.

거리² 무당의 굿이나 춤의 한 장면을 단위로 일컫는 말. ㉔춤 한 거리. 연극의 한 막 또는 한 각본.

결⁷=**목**⁶ 전날에 세금 계산에 쓰이던 토지 넓이의 단위. 50,000주척 평방 곧 2,000㎡쯤. ㉑결⁷

겸²(兼) ①두 명사 사이에 쓰이어 어우러짐을 나타내는 말. ㉔사무실 겸 가정집. 아침 겸 점심. 부총리 겸 경제기획원장관.
②어미 '-ㄹ/-을'이나 '-기' 아래에 쓰이어 그 일들을 아울러 함을 나타내는 말. ㉔뽕도 딸 겸 임도 볼 겸. 놀 겸 전화도 하고.

것 ①관형격 조사 '의'나 관형사, 관형어 아래에 쓰이어 그 물건, 일(사실), 현상, 성질 따위를 나타내는 말. ㉔남의 것. 새 것과 헌 것. 먹을 것. 입을 것.
②관형어나 대명사 아래에 쓰이어 그 사람을 낮잡아 가리키는 말. ㉔젊은 것들. 너 같은 것이. 그까짓 것이 무얼 안다고. ㉤거

③관형어 아래에 쓰이어 '확신'이나 '추측'을 나타낸다. 예그
는 꼭 돌아 올 것이다. 내일 날씨는 좋을 것이다. 준거

④주로 글말에서 '-ㄹ'꼴 관형어 아래에 쓰이어 명령을 나타
냄. 예위험! 가까이 오지 말 것. 준거

게 살고 있는 곳의 뜻. 예우리 게는 올해 풍년인데 자네 게의 농사
는 어떠한가?

경(頃)=정보(町步)² 땅의 넓이가 '정'으로 끝이 나고 끝수가 붙지
아니할 때의 단위를 일컫는 말. 3,000평이 한 정보이다. 예세
정보. 다섯 정보. 비경¹³

고(故) 주로 글말에서 서술어의 끝 '-니/-는/은' 다음에 쓰이어 '까
닭에'의 뜻. 예날이 저무는 고로 더욱 걸음을 빨리 하였다. 달
이 밝은 고로 다녀 올 수 있다. 이것은 독버섯인 고로 먹으면
큰일 난다. 뜻'그러므로'의 뜻. 예청춘은 인생의 봄이다. 고로
청춘의 꽃밭에는 이상의 꽃이 피고 우정의 샘이 솟는다.

교(校)⁴ 인쇄 교정의 번수를 나타내는 말.

교(絞)⁵=가닥² ①한 군데에 딸린 각 줄. 예여러 가닥으로 꼰 참바.
②①의 수를 세는 단위. 예한 가닥 두 가닥.

관(貫)=쾌³ ①북어 스무 마리를 한 단위로 세는 말. 예북어 한 쾌.
㉠단위로 쓰는 명사와 함께 쓰이어 몇몇 수의 그것을 나타낸
다. 예북어 쾌나 샀다. ②전날에 엽전 열 꾸러미 곧 열 냥을
한 단위로 세는 말. 비관¹⁴. ③이 말을 단위로 쓰는 명사 아래
에 쓰이어 약간의 쾌를 나타낸다. 예엽전 쾌나 가졌다.

교시(校時) 학교 수업 시간의 단위. 예1교시, 3교시.

구(具) 시체의 수효를 세는 단위. 예시체 다섯 구 인양.

국(國) 나라¹의 뜻. 예4개 국 정상회담.

군(君) 사람의 성이나 이름에 쓰이어 친구나 손 아랫사람을 친근하 게 부를 때 쓰는 말. ⑩김 군, 철수 군에게 ㉞=자네. 군은 무엇 을 전공하는가? 군이 부탁한 말, 내가 알아 보았네.

권(卷) ①책 편찬의 한 부분. ⑩고려사 권4, 삼국지 권5. ②책을 세 는 단위. ⑩소설책 스무 권. ③조선종이 20장을 나타내는 단 위. ⑩한지 20권.

그램(영.gram) 미터법에 따른 무게 단위 4℃ 물 1㎤의 무게를 표준 한다. 기호 g 또는 gr.

그램중(영.gram重) ≪물≫ 표준 중력에서 1g 중량의 물체가 나타내 는 중력과 같은 힘의 단위. 980.665다인(dyne)과 같다. 기호 g중 또는 gw.

그램칼로리(⊂영.gram Calorie) 칼로리를 킬로그램칼로리에 대하여 일컫는 말.

그로스(프.grosse) 열두 다스 곧 백마흔네 개.

근(斤) 600g에 해당하는 재래의 무게 단위. 375g을 기준으로 하기 도 한다. ㉠이 말을 단위로 쓰는 명사 아래에 쓰이어 '약간의 근'의 뜻을 나타냄. ⑩고기 근이나 사야지.

기(紀) ≪지≫ 지질시대를 나눈 단위의 하나. 대(代)를 나눈 것이다. 중생대를 삼첩기, 쥐라기, 백악기로 나눈 것 따위.

기[11](基) ①무덤, 비석, 탑 따위를 세는 단위. ②원자로, 유도탄 따위 를 세는 단위.

기[12](騎) 말을 탄 사람의 수를 세는 단위.

길 ①길이 단위의 한 가지. 여덟 자 또는 열 자. ㉞심[4] ②사람의 키와 한 길이.

김 어떤 기회나 바람. ⑩만나는 김에 내 부탁도 해 주렴. 온 김에 만나 보자. 하던 김에 이 일도 해치우자.

　이상에서 보면 '㉠'부의 의존명사는 모두 39개이나 뜻으로 보면 47 낱말이 된다. 뜻에 의한 분석과 분류는 제2편의 제1장을 참고하기 바란다.

2. ㉡부의 의존명사

나름 명사와 동사 밑에 쓰이어 됨됨이 또는 하기에 달림을 나타내는 말. ㉖사람 나름. 물건 나름. 보기 나름. 먹을 나름. 자기 나름대로의 기준. 내 나름의 견해. 사람도 사람 나름이죠. 네 나름대로 하라.

나마²=남짓 ㉖반 년 나마의 멀고 고된 길이었지만…. 한 시간이나 나마를 뒤진 뒤에….

냥(兩) ①한 돈의 열 곱에 해당하는 무게를 나타내는 단위. ㉖금 한 냥. ②예전에 한 돈의 열 곱에 해당하는 돈의 액수를 나타내는 단위. ㉖열 양의 돈. ㉠'돈'을 뜻하는 명사 뒤에 곧바로 쓰이어 '약간의 냥'의 뜻을 나타낸다. ㉖돈 냥이나 만진다.

냥쭝(兩重) 한 냥쯤 되는 무게. ㉖금 한 냥쭝.

년¹ '여자'나 '여자 아이'의 낮은 말 또는 낮춤말. ㉖어린 년. 어떤 년이. ㊫놈①

년²(年) 정월부터 섣달까지의 열두 달 동안. 한자말 숫자 다음에 주로 단위로 쓰인다. ㉖일 년에 한 번. 삼 년 세월.

녘 ①어떤 쪽이나 가. ㉖길 왼녘에 선 나무. ②어떤 무렵. ㉖해질 녘. 동이 틀 녘.

님¹ 사람의 성이나 이름에 붙여 그 사람을 높이는 뜻을 나타내는 말. ㉔주시경 님. 김 님.

님² 바느질 소용으로 토막 친 실을 세는 말.

닢 ①돈이나 가마니, 멍석 따위와 같은 납작한 물건의 낱낱을 세는 말. ㉔엽전 한 닢. 돗자리 두 닢. 멍석 한 닢. ②수[12]

'㉡'부의 의존명사 수는 10낱말에 지나지 않으나 뜻으로 보면 12 낱말이 된다.

3. ㉢부의 의존명사

단보(段步) 논밭의 넓이를 나타내는 단위. 1단보는 300평이다.
　㊁단³

당(當) 주로 단위를 나타내고 명사 뒤에서 그 명사가 가리키는 '사
　물들 하나하나 앞에'의 뜻을 나타낸다. ㉩땅이 평 당 얼마씩
　갑니까? 마리 당. 근 당. 호 당. 일인 당.

대(臺) ①차, 비행기 또는 기계 따위를 세를 단위. ㉩자전거 한 대.
　비행기 두 대. 윤전기 한 대. ②수 액수 따위를 뜻하는 말 아래
　붙어서 '그 개체의 범위'를 나타내는 말. ㉩백억 대의 재산가.

대(代) ①세대나 지위의 차례를 세는 단위. ㉩조선의 4대 임금. "대"
　는 "나"를 중심으로 하여 위로 올라가며 헤아릴 때 쓰므로
　"나"는 포함되지 않는다. "4대조"라 하면 "나"를 빼고 "아버지
　– 할아버지 – 증조부 – 고조부"로 올라가며 헤아리므로 "4대
　조"는 고조부를 일컫는 말이다. ㊂지질시대를 나타내는 가장
　큰 구분 단위.

대로⁵ 그 이끄는 짜임새를 부사어로만 되게 하는 의존명사의 하나.
　①'그 상태로'의 뜻. ㉩놓인 대로 두어라. 느낀 대로 쓴 글. ②
　'~하는 바와 같이'의 뜻 ㉩말씀하신 대로 저도 그렇게 생각합
　니다. ③'~로 좇아서, ~하는 데 따라'의 뜻. ㉩시키는 대로 하

시오. 하자는 데로 하겠다. ④'~하는 족족'의 뜻. ㉠보는 대로
사 달라 한다. 주는 대로 다 받아먹었다. ⑤용언의 관형형 다
음에 쓰이어 '만큼'의 뜻을 나타낸다. 특히 '~ㄹ(을)'꼴 뒤에서
는 '만큼'보다 센 뜻을 나타내기도 한다. ㉠되는 대로 하시오.
하고 싶은 대로 다 해 보았다. 좋을 대로 하시오.

데 ①'곳'을 나타내는 말. ㉠깊은 데. 사는 데. 갈 데가 없다. ②'경우'
나 '처지'를 나타내는 말. ㉠배 아픈 데에 잘 듣는 약. 일이
이렇게 된 데는 네게도 책임이 있다. ③'일'이나 '것'의 뜻을
나타내는 말. ㉠그를 설득하는 데에 며칠이 걸렸다. "밥을 먹
는데 영희가 왔다."에서 "~는데"는 연결형어미이고 "밥을 먹
는 데에 삼일이 걸렸다."의 "데"는 "일"이나 "것"을 뜻하는 의
존명사이다. 의존명사 "데"는 연결어미 "~는데"와 달리 조사
"에"를 붙여 쓸 수 있다.

도(度) ①≪수≫ 각도의 단위. 보통 숫자 어깨에 °를 두어 나타낸다.
90°, 360° 따위. ②≪지≫ 경도 위도의 단위. ③≪물≫ 온도의
단위. ㉠섭씨 100도. ④≪악≫ 음정을 나타내는 단위. ㉠완전5
도 감3도. ⑤횟수를 세는 말. ㉠4도 인쇄. ⑥≪화≫ 경도. 비중
농도를 나타내는 단위. ㉠30도 소주.

돈 ①옛날에 엽전 열 푼을 단위로 세는 단위. ②무게 열 푼을 단위
로 세는 단위. ㉠금 한 돈. ㊙돈쭝.

두(頭)=마리² ①㉠ ㉠젖소 20두. 말을 몇 두나 기르시오.

두락=마지기.

둥 ①용언의 관형사형 '-ㄴ/-는/-은'과 '-ㄹ/-을' 아래와 주로 '말
다'의 관형사형 '만/마는/말' 아래에 '~둥 ~둥' 꼴로 거듭 쓰
이어 '~것 같다'의 뜻을 나타냄. ㉠보는 둥 마는 둥 했다. 먹은

둥 마는 둥 했다. 갈 둥 말 둥. 좋은 둥 만 둥. ②'~는 둥'으로 거듭 쓰이어 '이렇게 한다거니 저렇게 한다거니' 또는 '이렇다거니 저렇다거니'의 뜻을 나타냄. ㉠가겠다는 둥 안가겠다는 둥. 둥글다는 둥 모났다는 둥 서로 생각이 달랐다. 믿을 만한 사람이라는 둥 아니라는 둥 말들이 오갔다.

듯 용언의 관형사형 '-ㄴ/-은/-는/-ㄹ/-을' 아래에 쓰이어 ①'비슷하거나 같은 정도'의 뜻을 나타낸다: ㉠조는 듯 꾸벅거리고 있다. 부러운 듯 바라보고 있다. 속이 타는 듯 했다. ②'추측'의 뜻을 나타낸다. ㉠바람이 부는 듯 전선이 울고 있다. ③'거짓으로 꾸며져 있음'의 뜻을 나타낸다. ㉠퍽 겸손한 듯 행동하지만. 잘 아는 듯 이야기 한다.

듯이 '듯'의 힘줌말. ㉠부러운 듯이 바라본다. 잘 사는 듯이 말을 한다. 자기가 제일인 듯이 행동한다.

들 ①앞에 들어 보인 사물 모두. ㉠김 씨, 이 씨, 박 씨 들 세 분이 왔다 갔다오. ㊫등[7]. ②앞에 들어 보인 사물과 같은 그 밖의 것이 더 있음을 나타냄. ㉠서울, 부산, 대구 들 큰 도시에는 인구 문제가 심각하다. ㊫등[7]①

등[7](等) ①=등. ㉠철수, 영수 등이 왔다. ②=등등

등등(等等) 여러 사물을 죽 들어 말하다가 그 밖의 몇몇을 줄임을 나타냄. 명사 뒤에나 어미 '-는' 뒤에 쓰인다. ㉠떡, 밥, 술 등등 무척 먹어댄다. 글도 짓고 노래도 하고 그림도 그리는 등등 재미있게 즐겼다. ㊫등[7]①

따름 '-ㄹ/-을' 관형사형 용언 아래에 쓰이어 '오로지 그것'의 뜻을 나타냄. ㉠그저 웃기만 할 따름이다. 진리는 하나가 있을 따름이다.

따위 ①다른 말 아래에 쓰이어 '그와 같은 종류'의 뜻을 나타냄. ㉠두부, 콩나물 따위의 찬거리를 샀다. 그런 따위. ㉠말하는 대상을 하찮게 일컫는 말. ㉠네 따위가 뭘 안다고…. 이 따위를 어디에 쓴담. 두려움 따위는 없다. 철수 따위는 상대도 안된다. 일을 이 따위로 밖에 못하겠어?

'ㄷ'부의 의존명사의 수는 18이나 뜻으로 보면 35가지나 된다.

4. ㄹ부의 의존명사

레드(영.red) 물체에 쬔 방사선 분량의 단위. 방사선 종류에 관계없
    이 물체 1g에 100에르그를 받을 경우를 1레드라 한다.

랜드(영.rand) 남아프리카의 기본 돈 단위.

량(輛) 열차의 차량 수를 세는 단위. ㉝화차 삼십 량.

럭스(영.lux) ≪물≫ 1촉광의 광원이 1m 거리에 있는 1㎡를 비치는
    밝기의 단위. 기호 lx.

롱톤(영.long ton) 영국에서 쓰는 톤, 곧 2,240파운드(1016.1kg.)

루블(러.rull) 러시아 및 소련 화폐의 기본 단위.

루피(영.rupee) 인도, 파키스탄, 스리랑카 화폐의 기본 단위.

리(里) 약 0.4㎞쯤 되는 거리의 단위. ㉝십 리/ 백 리.

리(厘/釐) ①십진법에서 1,000분의 1을 일컫는 말. ②돈 단위에서
    10분의 1전. ③길이 단위에서 '분'의 10분의 1. ④무게 단위에
    서 10분의 1푼.

리(哩) 마일 ㉝시속 60마일.

리(浬) 해리[3]. ㉝오백 리.

리(理) 끝 'ㄹ' 다음에 '있다', '없다' 따위와 함께 쓰이어 '까닭', '이
    치'의 뜻을 나타내는 말. ㉝그럴 리가 있나? 오르고 또 오르면
    못 오를 리 없건마는…. 있을 리 없다.

리라[2](이.lira) 이탈리아의 기본 돈 단위.

리터(영.litre,liter) 미터법에서 1입방데시미터, 곧 약 5홉 5작에 해당하는 들이의 단위. 기호 l, 또는 lit

림[2](영.ream) 양지를 세는 단위. 보통 480장인데 신문용지는 500장이다.

‘ㄹ’부의 의존명사의 수는 15개이고 뜻으로는 19개가 된다.

5. ㅁ부의 의존명사

마(碼)=야드 ㉎광폭 한 마 세치.

마리² ①동물을 세는 단위. ㉠네발짐승을 셀 때. ㉎토끼 두 마리. ㊂두⁵, 필³ ㉡날짐승을 셀 때. ㉎철새 한 마리. ㊂수¹⁷②. ㉢물고기나 벌레를 셀 때. ㉎조기 세 마리. 개미 한 마리. ②이 말을 단위로 쓰는 명사와 함께 쓰이어 '약간의 그것'을 나타냄. ㉎붕어 마리나 잡았다.

마리³ '옛' 시의 편수를 세는 단위.

마신(馬身) 경마에서 말 한 마리의 길이로써 재는 거리의 단위. ㉎2등을 한 말이 2 마신 차이로 들어왔다.

마이크로그램(영.microgramme) 백만 분의 1g. 'γ'로 나타낸다.

마이크로퀴리(영.microcurie) 백만 분의 1퀴리.

마일(영.mile) 거리를 나타내는 단위의 하나. 1마일은 대략 1.6km쯤 된다. ㊂영리⁴.

마지기² 한 말의 씨앗을 뿌릴 만한 논밭의 넓이를 나타내는 단위. 지방마다 다르나 대략 논은 200평, 밭은 300평에 해당한다. ㉎네댓 마지기 논. ㊂두락. ㉠이 말을 단위로 쓰는 명사 아래에 쓰이어 '약간 수의 마지기'를 나타냄. ㉎거기에 논 마지기나 가지고 있다.

만⁴ 동안이 얼마 계속되었음을 나타내는 말. ㈁그가 떠난 지 사흘 만에 돌아왔다. 그가 온 지가 꼭 두 해 만이다.

만⁵ ①명사나 동사의 '-ㄹ/-을' 아래에서 그 '정도의 이름'의 뜻을 나타낸다. ㈁나의 재주가 너 만(이야) 못하랴. 짐승 만(도) 못한 사람. ②동사의 '-ㄹ/-을' 아래에 쓰이어 그렇게 쓰이어 그렇게 할 '값어치가 있음'을 나타낸다. ㈁한번쯤 볼 만(도·은·이야) 한데.

만치¹ =만큼

만큼¹ ①(용언의 '-ㄹ/-는/-은' 꼴 뒤에 쓰이어) 그 '정도나 한도'의 뜻을 나타냄. '하다' 이외의 말이 뒤따라 쓰이는 점이 '만'과 차이가 있다. ②(용언의 '-ㄴ/-는/-은' 꼴 뒤에 쓰이어) 까닭이나 근거를 나타낸다. ㈁질이 좋은 만큼 비싸겠지. 아는 만큼 가르쳐 주다. ⨆만치¹

말⁹(末) 어떤 기간의 '끝'이나 '끝무렵'의 뜻. ㈁학기 말. 고려 말. 금년 말. ⨅초¹¹

망정 '-기에', -니', -니까', '-이(지)', '-이, -야' 따위의 다음에 '망정이지'로 쓰이어 '괜찮거나 잘 된 일'의 뜻을 나타낸다. ㈁급히 왔기에 망정이지 하마터면 큰일 날 뻔했다. 마침 돈이 있었으니 망정이지 안 그랬으면 영락없이 남의 손에 넘어가는 거였다. 얘 네가 있었으니 망정이지 너마저 없었으면 혼자 애먹을 뻔했다.

맡(만) ①어떤 일이 다 마쳐지려는 바로 앞과 뒤. ㈁집에 들어서는 맡에 웬 사람이 등을 쳤다. 그 말을 마저 끝내려던 맡에 제지를 당했다. 밥숟가락을 놓던 맡으로 뛰어 나갔다. ②해 오던 일의 도중에 얼마동안 멈추려는 바로 그때. ㈁읽는 맡에 다

읽어 치우자. 가던 말인데 계속 가십시다.

매(枚)=장²¹ ㉠원고지 열 매. 신문지 100매. ㉠이 말을 단위로 쓰는 말과 함께 쓰이어 '약간'의 뜻을 나타냄. ㉠종이 매나 가지고 있다.

머리² ①일정한 수량으로 이루어져 있는 몫. ㉠머리가 크다. 나도 세 찬계 한 머리만 주시게. 기부금 가운데 가장 큰 머리는 윗마을 최 진사의 것이었다. ②일의 한 차례나 한 판. ㉠한 머리 싸움이 지나고 산골짝엔 다시 뻐꾸기 소리가 퍼졌다. ③한 쪽 옆이나 한 쪽 가장자리. ㉠배추를 한 머리에선 뽑고 한 머리에선 손질을 하였다. ㉠뒷가지처럼 쓰이기도 한다. ㉠논머리. 밭머리. 상머리. ④어떤 철이나 때가 시작되는 무렵. ㉠새벽 머리. 삼복 머리. 해질 머리. 음력 칠월 초순 머리.

메가바(영.megabar) ≪물≫ 1㎠에 대하여 100만 다인의 힘이 주어질 때의 압력 단위. 기상학에서는 이 압력을 '1 바'로 한다.

메가바이트(영.megabyte) 데이터의 양을 나타내는 단위의 하나. 1,024킬로바이트 또는 1,048,576바이트. 기호 MB.

메가사이클(C프.megacycle) ≪물≫ 100만 사이클. 기호 MC. ㊝메가헤르츠

메가톤(프.megatonne) 티엔티 100만 톤의 폭발력과 같은 단위. 기호 Mt.

메가헤르츠(프.mega. 도.hertz) ≪물≫ =메가사이클

메시(영.mesh) 쳇눈 또는 가루 알갱이의 크기를 나타내는 단위. 보통 1㎠에 뚫린 구멍의 수로 나타낸다.

며리 '-ㄹ'꼴 관형어 다음에 쓰이어 '까닭'이나 '필요'의 뜻을 나타냄. ㉠시비를 따질 수도 있겠지만 그럴 며리가 도무지 없다.

폐를 끼칠 머리가 없지 않은가?

명(名) 숫자 아래에 붙어서 사람의 수효를 나타내는 말. 예한 명. 백 명.

모[7] 두부, 묵 따위의 덩이를 세는 단위. 예두부 한 모. 묵 두 모.

모[8](毛) 십진법에서 10,000분의 1을 일컫는 말.

모(mho) ≪물≫ 전기전도율의 실용 단위. 단면 1㎠, 길이 1cm의 도체의 전기저항이 1Ω일 때에 그 물체의 전도율을 가르킨다. 'ohm'을 거꾸로 한 말로 기호도 ℧로 쓴다.

목[6] 전날에 세금계산에 쓰이던 토지 넓이의 단위. 50,000주척 평방 곧 2000㎡쯤 비결[7]

묘[6](畝) 땅 넓이의 단위. 단(段)의 십 분의 일에 해당되는 30평을 일컫는다.

문[5](文) 신발 치수의 단위.

문[6](門) 포나 기관총 따위를 세는 단위. 예포 다섯 문. 기관총 세 문.

물 ①새 옷이나 빨아 입은 옷에 대하여 다음 빨래 때까지의 동안. 예몇 물 빤 옷이지만은 새 옷 같다. ②농산물이나 해산물 따위가 얼마 동안의 사이를 두고 한 목 한 목 무리로 나오는 차례. ③누에 슬어 놓은 차례. ④어떤 일이 한창인 때. 예그의 인기도 한 물 갔다. 그런 옷도 한 물 지난 것이다.

미크론(그.micron) 전기 음향의 파장 분자와 분자 사이의 거리. 미생물의 크기 같은 것을 재는 단위. 1mm의 1,000분의 1에 해당하며 기호는 μ로 나타낸다.

미터(영.metre) 미터법에 따른 길이의 기본 단위. 지구 자오선의 4,000만 분의 1로 정하였다. 기호 m.

밀[4](영.mil) ①전선의 지름 같은 것을 재는 단위. 1,000분의 1인치에 해당한다. ②'군' 포사격에서 쓰는 원둘레의 6,400분의 1의 호에 대한 각도의 단위.

밀리(영.milli) '미리미터' 따위의 준말.

밀리그램(영.milligram) 1,000분의 1그램. 기호 mg.

밀리뢴트겐(도.milliröntgen) 1,000분의 1뢴트겐.

밀리리터(영.millitre) 1,000분의 1리터. 기호 ml.

밀리몰(millimol) ≪화≫ 농도의 단위. 1,000분의 1몰.

밀리미크론(millimicron) 길이의 단위. 1,000분의 1미크론. 기호 mμ.

밀리미터(영.millimetre) 10분의 1센티미터. 기호 mm. 〔준〕밀리.

밀리바(영.Millibar) 주로 기압을 재는 데에 쓰이는 압력의 단위. 1,000분의 1바. 기호는 mb 또는 mbar.

밀리볼트(영.millivolt) ≪물≫ 1볼트의 1,000분의 1볼트. 기호 mV.

밀리암페어(영.miliampere) ≪물≫ 1,000분의 1암페어. 기호 mA.

밀리와트(milliwatt) 1,000분의 1와트. 기호. mW.

'ㅁ'부의 의존명사는 47개인데 뜻으로는 53개가 된다.

6. ㉭부의 의존명사

바⁴ ①용언의 관형사형 '-ㄴ/-은/-는'과 '-ㄹ/-을', '던' 다음에 쓰이어 앞 말의 그 내용(사실)이나 일 따위를 나타내는 말. ㉠내가 본 바를 말하겠다. 말하는 바에 따라. 우리가 할 바가 무엇이냐? 내가 생각하던 바와는 다르다. ②'방법'을 나타낸다. ㉠어찌할 바를 모르겠다. ③주로 '-바에'로 쓰이어 '기회', '경우' 따위를 나타낸다. ㉠여기까지 온 바에 그를 만나지 않을 수 없다. 고생을 하는 바에 좀 더 견딥시다. 이왕 늦은 바에 더 놀다 가렴. 거기에 갈 바에는 이것을 가지고 가지. 어차피 매를 맞을 바에는 먼저 맞겠다.

바⁵(영.bar) ≪물≫ 압력의 절대 단위. 1㎠에 대하여 100만 다인의 힘이 작용할 때의 압력 단위.

바람³ ①어떤 일에 더불어 일어나는 기세. ㉠술 바람에 할 말을 다 했다. ②용언의 관형사형 '-ㄴ/-은/-는' 다음에 쓰이어 '원인'이나 '근거' 등을 나타내는 말. ㉠모두 웃는 바람에 잠시 어리둥절했다. ③어떤 기세나 기운이 일어나는 짧은 동안. ㉠단바람으로 집에까지 달려 왔다. ④몸에 차려야 할 것을 차리지 않고 있는 행색. ㉠저고리 바람으로 나들이를 할 수는 없소. 버선 바람으로 달려 나갔다.

바이트(영.byte) 컴퓨터의 정보량 단위. 1바이트는 8비트이다.

바탕[2] ①활을 쏘아 살이 미치는 거리로 길이를 재는 단위. ㉐활 두 바탕 거리. 한 세 바탕쯤 떨어진 곳. ②어떤 일의 한 차례. ㉐씨름을 몇 바탕 했으나 모두 지고 말았다. 장기를 두 바탕 두다가 그만 싸움이 벌어졌다. ③어떤 무렵이나 때. ㉐그 작가가 늙을 바탕에 쓴 걸작. 육십 바탕을 서넛쯤이나 넘었을 듯한 백발 노옹. 《죽서루》

발[8](發) ①=방[8]① ㉐총 한 방. 몇 방의 박격포. ②비행기 같은 것에 장치되어 있는 발포기의 수를 나타내는 단위. ㉐4발 비행기

발[9](發) ①시간이나 땅이름을 나타내는 말 뒤에 쓰이어 '그 때' 또는 '그 곳에서 떠남'의 뜻. ㉐0시 30분 발 부산행 열차. 서울 발 여객기. ㉫착 ②시간이나 땅이름을 나타내는 말 뒤에 쓰이어 '그 때' 또는 '그 곳에서 보냄'의 뜻. ㉐5일 발 외신. 동경 발 ○○통신.

방[7](磅) =파운드[2]

방[8](放) ①총포를 쏘거나 남포 따위를 터트리는 수의 단위. ㉐총을 한 방 놓았다. 남포가 서너 방 터졌다. ㉫발[8]①. ②주먹 따위를 때리는 수. ㉐주먹 한 방에 나가 떨어졌다. ③방귀를 뀌는 수. ㉐방귀를 몇 방 뀌고 나니 속이 시원하다.

배[7](杯) 술이나 음료의 잔 수를 세는 단위. ㉐일 배 일 배 부일 배.

배[8] '바이'의 준말로 '바가'의 뜻. ㉐그들이 무어라 말하든 내 알 배 아니다.

보[11] 저담이나 웅담 따위를 세는 단위. ㉐웅담 두 보. 산저담 세 보. 얼음 상자에서 양 한 보를 꺼내서 소금을 뿌려 거피를 내고 이겼다.

보[12](步) ①주척으로 여섯 자 되는 길이를 단위로 하여 거리를 재는 단위. ②=걸음[4] ⑩십 보 앞으로. ③=평[2]

보지락 농촌에서 빗물이 땅속에 스며들어간 깊이가 땅을 가는 데 보습이 들어갈 만큼만 된 정도로서 비가 내린 분량을 헤아리는 단위. ⑩봄비가 한 보지락 멋지게 내렸다.

본(本) 영화 필름의 한 편을 세는 단위 ⑩필름 한 본만 복사하였다.

부[11](附) 날짜를 나타내는 말 다음에 쓰이어 그 날짜로 발행되거나 효력이 발생된 것임을 나타냄. ⑩3월 1일 부 신문. 오늘 부로 과장직에 임명한다. 내일 부로 사표를 내겠다.

부[12](일 分)=분[9]

분[8] ①지시대명사나 관형어 다음에 쓰이어 '사람'을 높이어 일컫는 말. ⑩이 분. 그 분. 일하시는 분. ②위 ①의 세는 단위. ⑩두 분. 손님 몇 분.

분[9](分) ①한 시간의 60분의 1을 나타내는 단위. ⑩두 시간 오 분. ②각도나 경도에서 1도의 60분의 1을 나타내는 단위. ⑩30도 5분.

③=몫① ⑩세 사람 분. 열 명 분.

④=푼[3] ⑩1전 5푼

⑤'분의'로 쓰이어 '몇 부분으로 나눈 가운데의'를 나타냄. ⑩ 3분의 1

뿐[1] ①용언의 '-ㄹ/-을/' 꼴 아래에서 '다만 그리하거나 그렇게 할 따름'이라는 뜻을 나타냄. ⑩좋을 뿐 아니라 값도 싸다. 들었을 뿐이고 보지는 못했다. ②서술형어미 '-다' 아래에 쓰이어 '오직 그렇게 하거나 그러하다는 것만 한정함'을 나타낸다. ⑩갔다 뿐이지 볼 수가 없었다. 돈만 없다 뿐이지 다른 것은

다 갖춘 신랑감이다.

'ⓗ'부의 의존명사는 모두 19개이지만 뜻으로 보면 38개가 된다.

7. ㉦부의 의존명사

사(事) 지시, 명령, 경고 따위의 글에서 용언의 '-ㄹ/-을' 관형사형
에 이어 '일' 또는 '것'의 뜻을 나타냄. ㉠면회인은 반드시 수
위실을 경유할 사. 규장각을 혁파할 사.

살[5](ㄷ설/ㄷ셜) ①나이를 세는 말. ㉠한 살 두 살. ②→잠[1]②

새 피륙의 날을 세는 단위. 날실 여든 올을 한 새로 친다. 비승[8]

석(石)=섬[2] ㉠공양미 삼백 석.

선[11](仙)=센트(cent)

성[8] 용언의 관형사형 '-ㄴ/-은/-는/-ㄹ/-을' 아래에 '싶다' 따위와
함께 쓰이어 '것 같다'의 뜻을 나타낸다. '-ㄹ/-을' 아래에서
는 '가능성'의 뜻을 띠기도 한다. ㉠나는 일등을 할 성 싶다.
그가 오늘 올 성 싶다. 비슷 성싶다.

성[9](成) 황금의 순도를 나타내는 단위 이름. 순수한 정도를 십 등분
하여 십 성이면 순금이라 한다.

세[5](世) ①가계나 지위의 차례를 나타내는 단위의 하나. ㉠삼 세손.
사 세손. 나폴레옹 3세. 록펠러 2세. ②지지질시대를 나눈 단
위로 하나는 기(紀)를 나눈 것이다. '세'는 조상으로부터 아래
(후손)로 내려오면서 헤아릴 때 사용한다.

세[6](歲) 한자말 숫자 다음에 쓰여 '살'을 나타내는 말. ㉠금년 15

세. 만 이십 세.

센트(미.cent) 미국 돈의 단위 이름. 100센트가 1달러가 된다. 비선[17]

센티(영.centi) 센티미터의 준말.

센티그램(영.centigram) 100분의 1그램. 기호 cg.

센티리터(영.centiliter) 100분의 1리터. 기호 cl.

센티미터(영.centimetre) 100분의 1미터. 기호 cm. 준센티.

손[7] 손아랫사람을 '사람'보다 낮추고 '자'보다는 좀 대접하여 쓰는 말. 지방에 따라서는 한 집안에서 손아랫사람의 택호 아래 쓰이기도 한다. 예그 손. 젊은 손. 평택 손에게 물어 보아라.

손[8] 주로 용언의 끝 '-다'나 관형사형 'ㄹ'의 아래에 '셈'의 뜻으로 쓰이는 말. 예철이 없다 손 치더라도. 그대로 흐지부지 넘긴다 손 치자. 못 만날 손 잡더라도.

손 고기 두 마리를 합하여 세는 셈의 단위.
예조기 한 손. 고등어 두 손.

수(首) ①시나 노래, 닭 등을 세는 단위. 예시 한 수. 시조 다섯 수. ②=마리[2]①ㄴ 예닭 20수.

승[7](升)=되[1]②

승[8](升)=새[7]

심(尋) ①노끈이나 물깊이 따위를 재는 길이의 단위. 중국에서는 8자, 우리나라에서는 여섯 자로 헤아린다. ②=길[6]①

씨(氏) 사람의 성이나 이름에 붙어 그 사람을 높이는 뜻을 나타내는 말. 예홍길동 씨. 대 "그 사람"의 뜻으로 일컫는 말. 예씨는 우리 문단의 일인자이다.

'ㅅ'부의 의존명사의 수는 22개인데 뜻으로 보면 28가지가 된다.

8. ㉦부의 의존명사

양[9]①용언의 관형사형 '-ㄴ/-은/-는' 아래에 쓰이어 '모양, …처럼'
의 뜻을 나타낸다. ㉠마치 학자인 양으로 말한다. 아는 것도 모
르는 양을 했다. ②용언의 관형사형 '-ㄹ/-을' 아래에 쓰이어
'하고자 하는 생각'의 뜻을 나타낸다. ㉠데려갈 양으로 왔다.
공부를 할 양이면 마음을 가다듬어야지.

양[10](孃) 여자의 성명 밑에 붙여 '처녀'의 뜻을 나타낸다. ㉠이 양.
김순자 양.

에이커(영.acre) 땅 넓이의 영국 단위. 약 4,047㎡

엔[2](일.yen(圓)) 일본 화폐 단위의 하나. '센'의 100배 ㋟원[10]②

연[11]((취連)C영.ream) 양지 오백 장의 단위. ㉠한 연, 두 연

영[8](슈) 가죽 따위를 세는 단위 이름. ㉠호피 일 영. 양피 세 영.

영[9](齡) 누에의 나이를 세는 단위 이름. 잠과 잠 사이

옴(도.ohm) ≪물≫ 전기저항의 실용 단위. 두 끝에 1볼트의 전위치
가 있는 도선에 1암페어의 전류가 흐를 때, 그 도선이 작용하
는 저항. 기호 Ω.

와트시(영.watt) ≪물≫ 전기에너지의 실용 단위. 1와트의 전력으로

써 한 시간에 하는 일의 양.

와트초(미.watt초) ≪물≫ 1와트의 전력으로써 1초 동안에 하는 일
  의 양.

우리 기와를 세는 단위. 한 우리는 2,000장이다. 㽵울⁴

울⁴ '우리'의 준말

원⁸ 1962년 6월 10일부터 시행한 우리나라 돈의 단위.
  전의 100곱절.

원⁹(元) ①조선 말기 돈의 단위. ②자유중국의 돈 단위의 하나.
  1원은 10각이다.

원¹⁰(圓) ①1953년 2월 15일에 시행한 화폐개혁 이전의 돈 단위. 전
  의 100곱절. ②=엔²

위⁷(位) 신주 또는 위패에 모신 신의 수효를 셀 때에 쓰는 말. ㉠법
  당에 모셔져 있는 세 위의 큰 불상.

이¹¹ 지시대명사나 관형어 다음에 쓰이어 사람을 약간 높이어 일컫
  는 말. ㉠말하는 이. 맡을 이.

일³(日) '한 날'의 뜻으로 한자말 다음에 주로 날수를 세는 단위로
  쓰인다. ㉠삼 일 동안. 십 일이나 걸렸다.

잎(입) ①명주실 한 바람. ②=닢

'◎'부의 의존명사의 수는 19개인데 뜻으로 보면 20개이다.

9. ㉽부의 의존명사

자⁹(者) 사람을 좀 얕잡아 가리켜 일컫는 말로 저 '사람' 또는 '놈'이
란 뜻. ㉠그 자. 저 자.

작(勺) ①분량의 단위. 한 홉의 10분의 1을 나타내는 단위. ②한 평
의 100분의 1을 나타내는 단위.

장¹⁹ 뫼를 세는 데 쓰이는 단위. ㉠뫼 한 장도 쓰지 않은 산.

장²⁰(丈) ①길이 단위의 한 가지. 한 장은 10척.

②한자로 된 숫자 아래에 붙이어 사람의 키를 나타내는 '길
이'의 뜻으로 쓰는 말.

장²¹(張) ①종이나 유리 따위의 얇고 넓적한 물건을 세는 데 쓰는
말. ㉠김 석 장. 유리 두 장. 종이 일곱 장. ㉻매

②활을 세는 단위

③접미사처럼 쓰이어 '얇고 넓적한 물건의 조각'의 뜻을 나타
낸다. ㉠백짓장. 종잇장

저⁴(著) 저술, 저작의 뜻. '지음'으로 순화.

적¹⁰ ①용언의 관형사형. 어미 '-ㄹ/-ㄴ' 따위의 다음에 쓰이어 그
동작이 진행되거나 그 상태가 나타나 있는 때를 나타냄. ㉠꽃
이 필 적에. 나이가 어릴 적에. 내가 학생이었을 적에. 한 번도
본 적이 없다.

②명사 뒤에 쓰이어 지나간 '그 때'를 나타냄. ⑩세 살 적에 찍은 사진. 처녀 적 생각이 난다. 태고 적 이야기.

전(錢) ①돈의 단위 곧 '원'의 백분의 일.

②옛날 엽전 '열 푼'을 일컬음으로 한문 숫자 밑에 쓰는 말.

③무게 '열 푼'의 일컬음으로 한문 숫자 밑에 쓰는 말.

정(町) ①거리의 단위. 간의 60배에 해당한다.

②지적의 단위. 단의 10배, 곧 평의 3,000배에 해당한다.

정(挺)=자루

제(劑) 탕약 스무 첩, 또는 그만한 분량으로 일컫는 말. ⑩보약 한 제. 탕약 다섯 제. 몸에 사물탕이 좋다고 하여 두어 제 지어 먹었다. ㉠이 말을 단위로 쓰는 명사 아래에 쓰이어 '약간의 제'의 뜻을 나타낸다. ⑩보약 제나 자시면 효험이 있을 것입니다.

조^{10}(條) ①'조목이나 조항'의 뜻. ⑩헌법 제1조.

②어떤 명목이나 조건. ⑩집을 계약하는 조로 20만 원을 주었다. 상금 조로 받은 돈.

조^{11}(朝) 한 계통의 임금이나 한 사람의 임금이 통치하는 동안. 접미사처럼 쓰이기도 한다.

족족^1(-쪽) '하나하나마다'의 뜻. ⑩보는 족족 잡아라. 가는 족족 정 들여 놓았다. 오는 사람 족족 다 그 모양이다.

좌(座) 집, 불상, 거울 따위의 일정한 물체를 세는 단위. ⑩한옥 1좌. 불상 1좌.

줄^4 '-ㄴ/-ㄹ' 관형사형 아래에 쓰이어 '사실', '방법', '셈속' 따위를 나타냄. ⑩먹을 줄 안다. 그런 줄을 몰랐다.

줄^5(영.joule) ≪물≫ 일과 에너지의 절대 단위. 일천만 에르그를 1

줄이라 한다.

지[7] 동작이 있었던 때로부터 지금까지의 동안을 뜻하는 말. 반드시 '-ㄴ/-은' 아래에만 쓰인다. ㉑내가 여기 온 지가 벌써 두 달 이 넘었다.

지[8](指) '손가락'을 뜻하는 말. 한자어의 수 밑에 쓰인다.

집[2](輯) 시가나 문장 따위를 엮어 낸 차례의 책.

'㉠'부의 의존명사의 수는 20개인데 뜻의 종류로는 28가지가 된다.

10. ㉭부의 의존명사

차(次) 동사의 '-던' 꼴 다음에 쓰이어 그러한 기회의 뜻. ㉮떠나려
　　던 차에. 심심하던 차였는데 잘 오셨습니다.

착[1](着) 땅이름이나 시간을 나타내는 말 뒤에 쓰이어 '다다름'의 뜻.
　　㉮김포공항 착. 15일 착. 12시 착. ㉫발[9]①

착[2](일 着)=벌[2]②

채[7] ①집의 덩이를 세는 단위. ㉮오막살이 집 한 채. 기와집 세 채. ㉫동[9]
　　②. ②큰 가구 따위를 세는 단위. ㉮가마 한 채. 상여 두 채. 수레
　　몇 채. ③이불 따위를 세는 단위. ㉮이불 두 채. ④인삼 백근의
　　단위를 일컫는 말. ㉮두세 채의 인삼.

채[8] ①용언의 '-ㄴ/-은' 뒤에 쓰이어 '어떤 상태 그대로임'의 뜻.㉮
　　꿩을 산 채로 잡았다. 앉은 채로 잠을 잤다.

　　②=째〈평북〉

척(尺)=자[1]②

척(隻) 배의 수효를 세는 단위. ㉮배 두 척.

체[4] 용언의 관형사형 '-ㄴ/-은/-는' 아래에 쓰이어 '짐짓 꾸며서
　　함'을 나타낸다. ㉮들은 체도 하지 않았다. 잘 난 체라도 하고
　　싶으냐. ㉫척[4]. 체 -하다. (보형)(여불) ㉮돈이 꽤 많은 체하다.

초[11](初) 어떤 기간의 '처음'이나 '초기'의 뜻. ㉮고려 초에. 금년 초.

학기 초. ⟦반⟧말⁹

초(秒) ①한 시간을 삼백육십 도막으로 고르게 나누었을 때, 그 하나하나의 시간 길이를 헤아리는 단위. ㉠일 분 일 초. ②각도 일도를 삼백육십으로 고르게 나누었을 때, 그 나누어진 하나하나의 각도를 헤아리는 단위.

촉⁶(燭) ≪물≫ '촉광②'의 준말. ㉠백 촉짜리 전등.

촌(寸) ①=치. ②친족 관계의 멀고 가까움을 나타내어 세는 말. ㉠그 분과는 몇 촌이나 되는가?

추²(錘) 방추의 수를 나타내는 단위. ㉠백 추.

축¹ ①다 같이 지니고 있는 특성에 따라 갈라지는 또래. ㉠젊은 축. 예쁜 축에 든다. 그 축에 끼이지도 못한다. ②여러 사람으로 이루어진 한 무리. ㉠한 축은 이미 떠났고 다음 축은 떠날 채비를 하고 있다.

축⁸ 오징어 스무 마리의 단위. 요즈음은 열 마리로 한다. ㉠오징어 한 축.

축⁹(軸) ①책력 스무 권을 기준으로 하여 세는 단위.
②한지는 열 권, 두루마리는 하나를 기준으로 하여 종이를 세는 단위.
③예전에 과거를 볼 때 답안 열장을 하나로 묶어 세는 단위.

치⁵ ①사람을 나타내는 '이'의 낮춤말. ㉠그 치. 이 치. 젊은 치들이 하는 일이란…. ②어떤 곳에 있거나 어떤 곳에서 나는 물건. ㉠속의 치. 옛날 치. 사과는 대구 치가 좋다.

치⁶ 일정한 몫. ㉠하루 치 양식. 몇 달 치의 일거리. 세 사람 치의 일삯.

치⁷ 한 자의 10분의 1에 해당하는 단위. ㉠한 자 세 치. 한 치의

땅도 양보할 수 없다. 囲춘①

'ㅊ'부의 의존명사 수는 모두 19개이나 뜻으로 보면 29개이다.

11. ㅋ부의 의존명사

칸델라^2(도.candela) ≪물≫ 광도의 단위. 1,769°C에서의 흑체 1㎠당
　　의 광도 60분의 1로서 1948년 국제 도량형 총회에서 결정하
　　였다. 기호 cd.

칸통 집의 몇 칸 되는 넓이. ㉠두 칸통. 세 칸통.

캐럿(영.carat) ①금의 순도를 나타내는 단위. 순금을 24로 하고 24
　　분의 1을 1캐럿이라 한다. 기호 k. kt. ②보석의 무게를 나타
　　내는 단위. 약 250mg을 1캐럿이라 한다. 기호는 car. ct.

쾌, 쾌^3 ①북어 스무 마리를 한 단위로 세는 말. ㉠북어 한 쾌. ㉠단
　　위로 쓰는 명사와 함께 쓰이어 몇몇 수의 그것을 나타낸다.
　　㉠북어 쾌나 샀다. ②전날에 엽전 열 꾸러미 곧 열 냥을 한
　　단위로 세는 말. ㉺관^{14} ㉠이 말을 단위로 쓰는 명사 아래에
　　쓰이어 '약간의 쾌'를 나타낸다. ㉠엽전 쾌나 가졌다.

쿨롬(프.coulom) ≪물≫ 전하량의 실용 단위. 1암페어의 전류가 1
　　초 동안 운반하는 저하량이다. 기호 C.

퀴리(프.curie) ≪물≫ 방사능 물질의 양을 나타내는 단위. 라듐 1g
　　과 같은 방사능을 가진 질량이다. 기호 C.

퀸틀(영.quintal) 주로 곡물의 100kg에 해당하는 무게의 한 단위.

킬로(그,영.kile) '킬로미터', '킬로그램', '킬로와트' 따위의 준말.

킬로그램(영.kilogram) 1,000그램을 나타내는 단위. 기호. kg.
　　㈜킬로

킬로그램미터(영.kilogram metre) ≪물≫ 일의 단위. 1킬로그램의 물
　　체를 높이 1미터 끌어올리는 데 필요한 일의 분량.

킬로그램 원기(영.kilogram. 原器) 미터조약에 따라서 1킬로그램의
　　무게를 표준한 분동.

킬로그램중(영.killogram重) ≪물≫ 힘의 단위. 1그램중의 1,000배.
　　기호 kgw, kgf.

킬로그램칼로리(영. kilogramcalorie) 1,000칼로리를 나타내는 단위.
　　기호 cal, kcal. ㈜킬로칼로리

킬로리터(영.kiloliter) 1,000리터를 나타내는 단위. 기호 kl.

킬로미터(영.kilometre) 1,000미터를 나타내는 단위. 기호 km.
　　㈜킬로

킬로바이트(kilobyte) 데이터의 양을 나타내는 단위의 하나. 1.024바
　　이트를 말한다. 기호 KB. 단이 단위가 기억장치의 용량을 나
　　타내는데 사용되면 KB 대신 k를 사용한다.

킬로볼트(영.killovolt) ≪물≫ 1,000볼트를 나타내는 단위. 기호 kV.

킬로사이클(영.kilocycle) ≪물≫ 1,000사이클을 나타내는 단위.

킬로암페어(c영.kiloampere) ≪물≫ 1,000암페어를 나타내는 단위.
　　기호 kA.

킬로와트(영.kilowatt) ≪물≫ 1,000와트를 나타내는 단위. 기호 kW.
　　㈜킬로

킬로와트시(영.kilowatt-hour) ≪물≫ 1,000와트시를 나타내는 단
　　위. 기호 kwh.

킬로전자볼트(영.kilo전자volt) ≪물≫ 1,000전자볼트를 나타내는

단위. 기호 keV.

킬로칼로리(ⓒ영.kilocaloie) 1,000칼로리를 나타내는 열량의 단위.
기호 cal, kcal. 回킬로그램칼로리

킬로퀴리(ⓒ프.kilocurie) ≪물≫ 1,000전자볼트가 되는 방사능의 단위.

킬로톤(영.kiloton) 1,000톤을 나타내는 단위.

킬로헤르츠(도.kilo hertz) ≪물≫ 1,000헤르츠를 나타내는 단위.
기호 Khz.

'ㅋ'부의 의존명사의 수는 26개요, 의미면으로 보면 29개이다.

12. ㉤부의 의존명사

타(打) =다스. ㉤연필 한 타. 양말 두 타.

탕 어떤 일의 횟수를 나타냄. ㉤오늘은 운행을 열 탕이나 하였다.

터³ ①동사나 형용사의 끝 '-ㄹ' 뒤에 쓰이어 '예정'이나 '추측'의 뜻을 나타내는 말. ㉤내가 갈 터이다. 그것이 좋을 터이다. ② 동사나 형용사의 끝 '-ㄴ/-은' 뒤에 쓰이어 '형편'이나 '처지' 의 뜻을 나타내는 말. ㉤세 끼를 굶은 터에 찬밥, 더운밥을 가리겠느냐?

턱⁵ ①=템. ㉤거리가 백 리 턱은 된다. 한 시간 턱을 기다렸다. 밥을 한 그릇 턱이나 비웠다. ②주로 관형사 '그' 다음에 쓰이어 '일 이 되어가는 정도나 상태'의 뜻을 나타냄. ㉤만날 그 턱이지 뭐 다를 게 있나.

테² 서려 놓은 실의 묶음을 세는 말. ㉤한 테. 두 테

테³ 의존명사 '터'에 '이'가 합치어 줄어진 말. '-ㄹ'관형어 아래에 쓰이어 '작정'이나 '예정'의 뜻을 나타냄. ㉤나도 갈 테다. 할 테면 해 봐.

텍스(프.tex) 실의 굵기를 나타내는 국제표준화기구 단위의 하나. 길이 1,000m의 무게가 1g이 되는 실의 굵기를 1텍스로 한다. 숫자가 작을수록 실이 가늘다.

템 수량을 나타내는 말 다음에 조사 '이나'와 함께 쓰이어 '어떤 수량에 이르는 정도'의 뜻을 나타냄. ㉔두 달 템이나 걸리다니. 한 섬 템이나 먹는다. 囲턱⁵①

톤(영.ton) ①무게의 단위. 프랑스에서는 1,000kg, 영국에서는 2,240파운드(1016.1kg), 미국에서는 2,000파운드(907kg)를 1톤으로 한다. 기호 t.

②들이의 단위. 기차 화물은 100입방피트(약 2.783입방미터), 기선 화물은 40 입방피트(약 1.113입방미터), 기선의 짐 실은 들이는 100입방피트(약 2.823입방미터)를 각각 1톤으로 하며 군함의 크기를 나타내는 배수량 톤수는 영국 톤수로 나타낸다.

톳(톤) 김 따위의 마흔 장 또는 백 장을 한 묶음으로 세는 단위. ㉔김 한 톳. 囲속⁶②=톳² ㉠이 말을 단위로 쓰는 명사 아래에 쓰이어 약간의 그것을 나타낸다. ㉔김 한 톳이나 샀다.

통¹⁰ ①주로 체언 아래에서 '통에'로 쓰이어 어떤 일이 벌어진 판국이나 기회. ㉔난리 통에 온갖 고생을 하고, 싸움 통에 끼이다. 장마 통에 농작물이 잠겼다. 그 통에 깜짝 놀라 잠을 깨기는 하였지만. ≪유치진 원술랑≫ ②용언의 '-ㄴ/-은/-는' 꼴 아래에 '통에'로 쓰이어 '까닭', '근거' 따위를 나타냄. ㉔누가 고함을 지르는 통에 잠이 깨어 버렸다. 사람이 많은 통에 그를 만날 수가 없었다.

통¹¹ 서류나 편지를 세는 단위. ㉔한 통의 편지. 호적초본 세 통. ㉠이 말을 단위로 쓰는 명사 아래에 쓰이어 '몇몇의 통'의 뜻. ㉔그에게서도 편지통이나 받았다.

'ㅌ'부의 의존명사의 수는 12개인데 뜻으로는 17개이다.

13. ㉤부의 의존명사

파(把)=줌④ '줌'의 뜻은 한 주먹으로 쥘 만한 분량의 단위. ㉠한 줌의 흙이지만 나에겐 의미가 크다.

판[6](版) 책 따위에 쓰이는 종이의 크기를 나타내는 말. ㉠무슨 판으로 책을 찍는가?

　　㉠흔히 접미사처럼 쓰이기도 한다. ㉠사륙판. 사륙배판.

페니(영.penny) 영국 돈의 단위. 1실링의 12분의 1이며 그 복수는 펜스라 한다.

페니히(도.pfennig) 독일 돈의 단위. 마르크의 100분의 1에 해당하는 동전이다.

페세타(스.peseta) 에스파냐 돈의 단위.

펜스[2](영.pence) 영국 돈의 단위. '페니'의 복수

편[5](便) 사람이 오고가거나 물건을 부쳐 보내는 데에 이용하는 기회나 수단. ㉠자동차 편. 비행기 편. 그 사람 편에 보냈다. 내려가는 기차 편을 이용하였다.

편[6](篇) ①책 속에서 같은 분야나 갈래 끼리 크게 가른 한 부분. ㉠

그 문학 전집은 소설, 시, 희곡 등 다섯 편으로 되어 있다.
②신문 따위를 세는 단위. ㉔시 다섯 편과 수필 두 편. 몇 편의
논문.

편[7](編) 사람이나 단체 이름 아래에서 '편찬'의 뜻. ㉔교육부 편 국
어 교과서.

편거리 인삼을 한 근씩 골라 맞출 때 그 개수를 세는 말.

평(坪) ①여섯 자 평방으로 땅의 면적을 재는 단위. ㉔논 백 평, 열
평의 대지. ㊉보[12]

②여섯 자 입방으로 입체를 재는 단위. ③한 자 평방으로 헝겊,
유리, 벽 따위를 재는 단위. ④한 치 평방으로 조각 구리판 따위
를 재는 단위. ⑤=조짐[2]

폭 ①'-은/-는' 관형사형으로 된 용언 다음에 쓰이어 '그러한 종류
에 딸린 것'의 뜻을 나타냄. ㉔열차도 안전한 폭이긴 합니다.
그이도 술을 좀 먹는 폭이지요.

②두 일을 견주어 놓고, 좋고 나쁨을 가리는 말에서 '이', '그'
또는 '-는' 관형사형으로 된 동사 다음에 형용사와 더불어 쓰
이어 '그러한 일의 쪽'의 뜻을 나타냄. ㉔섣불리 아는 것보다
모르는 폭이 낫다. 차라리 그 폭이 좋겠군요.

③'-은/-는' 관형사형으로 된 동사 다음에 쓰이어 '그렇게 헤
아리거나 인정하는 쪽'의 뜻을 나타낸다. ㉔안 먹었어도 먹은
폭으로 치자. 다시 태어난 폭 잡고…. 날짜로 치면 이틀은 걸
린 폭이다. 일종의 비상경계령이 내려진 폭이 되었다.

④'정도'나 '수량'을 뜻하는 말 다음에 쓰이어 '그러한 정도에

해당하는 크기'의 뜻을 나타냄. ㉐키가 나의 절반 폭밖에 안
된다. 사과를 네 개 폭은 먹었다.

폰(영.phon) 소리의 크기 단위.

푼 ①한 돈을 열로 나눈 것의 하나, 곧 엽전 한 닢의 단위. ㉐엽전
두어 푼.

②돈을 적은 액수로 보아 세는 단위. ㉐돈 한 푼 없다. 몇 푼
안 되는 보상금. ㉠이 말을 단위로 쓰는 명사 뒤에 쓰여 '약간
의 푼'을 나타냄. ㉐돈 푼이나 있다고 거들먹거린다.

③한 돈을 열로 나눈 무게의 단위. ㉐인삼 서른닷 돈. 囘분⁹④.

④한 치를 열로 나눈 길이의 단위. ㉐한 치 일곱 푼 되는 띠.

⑤십진법에서 100분의 1을 일컫는 말. ㉐타율 삼 할 오 푼의
강타자.

폼⁴ '-ㄴ /-는' 관형사형 동사 아래에 쓰이어 그 '동작이나 됨됨이'
의 뜻을 나타냄. ㉐서두르는 폼이 퍽 다급했나 보다. 말하는
폼을 보니 여간 아니겠다. 생긴 폼이 말이 아니다.

프랑(프.franc) 프랑스, 스위스, 벨기에의 돈 단위.

피트(영.feet) 길이 단위의 하나. 1피트는 12인치이고 약 30.48cm에
해당한다.

피피엠(영. ppm ⊂ parts per million) 농도의 단위로 1피피엠은 10^{-6}
이다.

'㉪'부의 의존명사는 18개이나 뜻으로는 31개이다.

14. ㅎ부의 의존명사

하(夏) ≪불≫ 중이 된 뒤로부터의 나이를 셀 때에 쓰는 말. 예대교
　　사는 법랍이 20하 이상이라야 함.

할(割) 십진법에서 10분의 1을 일컫는 말. 예10분의 5는 5할이다.

해 사람을 나타내는 명사 다음에 쓰이어 '것'의 뜻으로 '소유'를 나
　　타내는 말. 예내 해. 네 해. 뉘 해.

허(許) ①그쯤 되는 곳. 예오 리 허. 낙양성 십리 허에 높고 낮은
　　저 무덤아. ②편지나 적발에 '앞'의 뜻으로 평교 이하 사람의
　　성명 밑에 쓰는 말.

헥타르(영.hectare) 100아르를 나타내는 단위. 곧 10,000㎡에 해당한
　　다. 기호 ha.

헥토그램(영.hectogram) 100그램을 나타내는 단위. 기호 hg.

헥토리터(영.hectolitre) 100리터를 나타내는 단위. 기호 hl.

헥토미터(영.hectometre) 100미터를 나타내는 단위.

홉[2] ①물건을 되어서 헤아리는 것의 단위. 한 되의 10분의 1에 해당
　　한다. ②땅의 넓이를 재는 단위. 10분의 1평에 해당한다.

환(圜) ①≪경≫ 1953년 2월 15일부터 1962년 6월 9일까지의 우리
　　나라 화폐단위의 하나. ②대한제국 때의 화폐단위.

홰 새벽에 닭이 홰를 치고 우는 차례를 세는 말. 예닭이 세 홰째

운다.

회[7](回) 한자말 수사 아래에 쓰이어 돌아오는 차례를 나타내는 말
　㉠제1회. 제5회. 발표회.

'ㅎ'부의 의존명사의 수는 12개인데 뜻으로 보면 13개이다.

제2부

우리말 의존명사의 의미에 따른 분류

여기서는 우리말 의존명사가 나타내는 뜻에 따라 같은 뜻을 나타내는
말을 한데 묶어 분류·설명하기로 한다.

1. 사람 단위의 의존명사

것 관형어나 대명사 아래에 쓰이어 그 사람을 낮잡아 가리키는 말.
　㉠젊은 것들. 몹쓸 것들. 너 같은 것이. 그까짓 것이 무얼 안다
　고 ⓒ거¹

년 여자나 여자아이의 낮은 말 또는 낮춤말. ㉠어린 년. 어떤 년.
　ⓜ놈¹

분⁸ ①지시대명사나 관형어 다음에 쓰이어 '사람'을 높이어 일컫는
　말. ㉠이 분. 그 분. 일하시는 분.
　②위 ①의 세는 단위. ㉠두 분. 손님 몇 분.

손⁷ 손아랫사람을 '사람'보다 낮추고 '자'보다는 좀 대접하여 쓰는
　말. 지방에 따라서는 한 집안에서 손아랫사람의 택호 아래 쓰
　이기도 한다. ㉠그 손. 젊은 손. 평택 손에게 물어 보아라.

양(孃) 여자의 성명 밑에 붙여 '처녀'의 뜻을 나타냄. ㉠이 양. 김순
　자 양.

울⁴ '우리'의 준말

이¹¹ 지시대명사나 관형어 다음에 쓰이어 '사람'을 약간 높이어 일
　컫는 말. ㉠말하는 이. 맡을 이.

자⁹(者) 사람을 좀 얕잡아 가리켜 일컫는 말로 저 '사람' 또는 '놈'이
　란 뜻 ㉠그 자. 저 자.

축 ①다 같이 지니고 있는 특성에 따라 갈라지는 또래.

②여러 사람으로 이루어진 한 무리. ㉠한 축은 이미 떠났고 다음 축은 떠날 채비를 하고 있다.

치 ① 사람을 나타내는 '이'의 낮춤말. ㉠그 치. 이 치. 젊은 치들이 하는 일이란….

군(君) 사람의 성이나 이름에 쓰여 친구나 손아랫사람을 친근하게 부를 때에 쓰는 말. ㉠김 군. 철수 군에게. ㉡자네. ㉠군은 무엇을 전공하는가? 군이 부탁한 일, 내가 알아 보았네.

님 사람의 성이나 이름에 붙어, 그 사람을 높이는 뜻을 나타내는 말. ㉠주시경 님. 김 님.

씨 사람의 성이나 이름에 붙어 그 사람을 높이는 뜻을 나타내는 말. ㉠홍길동 씨. ㉡그 사람의 뜻으로 일컫는 말. ㉠씨는 우리 문단의 일인자이다.

2. 넓이 단위의 의존명사

가웃지기 논밭의 넓이에서 마지기로 세고 남는 반 마지기의 단위.
　　㉠두 말 가웃지기.

결(結)=목[6] 전날에 세금계산에 쓰이던 토지 넓이의 단위 50,000주
　　척 평방. 곧 2000㎡쯤 ㉖결.[7]

경(頃)=정보.[2]

단보(段步) 논밭의 넓이를 나타내는 단위. 1단보는 3,00평이다. ㉖
　　단[3]

마지기[2] 한 말의 씨앗을 뿌릴 만한 논밭의 넓이를 나타내는 단위.
　　지방마다 다르나 대략 논은 200평, 밭은 300평에 해당한다.
　　㉠네댓 마지기 논. ㉖두락. ㉠이 말을 단위로 쓰는 명사 아래
　　에 쓰이어 '약간 수의 마지기'를 나타냄. ㉠거기에는 논 마지
　　기나 가지고 있다. 두락=마지기.

목 전날에 세금계산에 쓰이던 토지 넓이의 단위. 50,000주척 평방
　　곧 2000㎡쯤. ㉖결.[7]

묘(苗) 땅 넓이를 나타내는 단위. 단의 십분의 일에 해당되는 30평
　　을 일컫는다.

보(步)=평[2]①

정(町) 지적의 단위. 단의 10배, 곧 평의 3,000배에 해당한다.

평(坪) ①여섯 자 평방으로 땅의 면적을 재는 단위. 예논 백 평, 열 평의 대지 비보[12].

②한 자 평방으로 헝겊, 유리, 벽 따위를 재는 단위.

③한 치 평방으로 조각 구리판 따위를 재는 단위.

홉[2] 땅의 넓이를 재는 단위. 10분의 1평에 해당한다.

정보(町步) 땅의 넓이가 '정'으로 끝이 나고 끝수가 붙지 아니할 때의 단위를 일컫는 말. 3,000평이 한 정보이다. 예세 정보. 다섯 정보. 비경[13]

단[3]=단보.

간통(間一) 집의 몇 칸 되는 넓이. 예세 칸통.

작(勺) 한 평의 100분의 1을 나타내는 단위.

3. 무게 단위의 의존명사

근(斤) 600g에 해당하는 재래의 무게 단위. 375g을 기준으로 하기
도 한다. 이 말을 단위로 쓰는 명사 아래에 쓰이어 '약간의
근'의 뜻을 나타낸다. ㉠고기 근이나 사야지.

관(貫)=쾌⁴② 무게를 재는 단위의 하나.

냥(兩) 한 돈의 열 곱에 해당하는 무게를 나타내는 단위.
㉠금 한 냥.

냥중(兩重) 한 냥쯤 되는 무게. ㉠금 한 냥중.

돈 ②무게 열 푼을 단위로 되는 단위. ㉠금 한 돈. 비돈중.

리(釐) ④무게 단위에서 10분의 1푼.

방(磅) 파운드².

전(錢) ③무게 '열 푼'을 일컬음으로 한문 숫자 밑에 쓰는 말.

4. 시간 단위의 의존명사

가지 ②제기를 차기 시작한 때부터 땅에 떨어지기까지의 동안.
⟨예⟩너는 한 가지에 몇 번이나 차니?

개년(個年) 한자말 숫자 다음에 쓰이어 햇수를 나타내는 말.
⟨예⟩오 개년. 칠 개년.

개월(個月) 한자말 숫자 다음에 쓰이어 달수를 나타내는 말.
⟨예⟩삼 개월. 일 년 육 개월.

기(紀) ≪지≫ 지질시대의 나눔 단위의 하나. 대(代)를 나눈 것이다.
중생대를 삼척기, 쥐라기, 백악기로 나눈 것 따위.

교시(校時) 학교의 수업 시간의 단위. ⟨예⟩1교시, 3교시 시작.

년(年) 정월부터 섣달까지의 열두 달 동안. 한자말 다음에 주로 단
위로 쓰인다. ⟨예⟩일 년에 한 번. 삼 년 세월.

녘² 어떤 무렵. ⟨예⟩해질 녘. 동이 틀 녘.

만 동안이 얼마 계속 되었음을 나타내는 말. ⟨예⟩그가 떠난 지 사흘
만에 돌아왔다. 그가 온 지가 꼭 두 해 만이다.

말(末) 어떤 기간의 '끝'이나 '끝 무렵'의 뜻. ⟨예⟩학기 말. 금년 말.
고려 말. ⟨반⟩초.

맡 ①어떤 일이 다 마쳐지려는 바로 앞과 뒤. ⟨예⟩집에 들어서는 맡에
웬 사람이 등을 쳤다. 그 말이 마저 끝나려던 맡에 제지를 당

했다. 밥숟가락을 놓던 맡으로 뛰어 나갔다.

②해 오던 일의 도중에 얼마동안 멈추려는 바로 그때. ㉔읽는 맡에 다 읽어 치우자. 가던 맡인데 계속 가십시다.

머리 어떤 철이나 때가 시작되는 무렵. ㉔새벽 머리. 삼복 머리. 해 질 머리. 음력 칠월 초순 머리.

무렵 어떤 때의 부근. ㉔동틀 무렵. 저녁 무렵. 1980년 무렵. 해방 무렵.

물 ①새 옷이나 빨아 입은 옷에 대하여 다음 빨래 때까지의 동안. ㉔몇 물 빤 옷이지만은 새 옷 같다.

④어떤 일이 한창인 때. ㉔그의 인기도 한 물 갔다. 그런 옷도 한 물 지난 것이다.

바람 ③어떤 기대나 기운이 일어나는 짧은 동안. ㉔단바람으로 집 에까지 달려 왔다.

바탕 어떤 무렵이나 때. ㉔그 작가가 늙은 바탕에 쓴 걸작. 육십 바탕을 서넛쯤이나 넘었을 듯한 백발 노옹. ≪죽서루≫

발(發) ①시간이나 땅이름을 나타내는 말 뒤에 쓰이어 '그 때' 또는 '그 곳에서 떠남'의 뜻. ㉔10시 30분 발 부산행 열차. 서울 발 여객기. ㉫착 ②시간이나 땅이름을 나타내는 말 뒤에 쓰이어 '그 때' 또는 '그 곳에서 보냄'의 뜻. ㉔5일 발 외신. 동경 발 ○○통신.

부[12]=분

분[9](分) 한 시간의 60분의 1을 나타내는 단위. ㉔두 시간 오 분.

세(世) ≪지≫ 지질시대를 나눈 단위의 하나. 기(紀)를 나눈 것이다.

적[10] ①용언의 관형사형. 어미 '-ㄴ/-은/-을' 따위의 다음에 쓰이어 그 동작이 진행되거나 그 상태가 나타나 있는 때를 나타냄.

㉠꽃이 필 적에. 나이가 어릴 적에. 내가 학생이었을 적에. 한 번도 본 적이 없다. ②명사 뒤에 쓰이어 지나간 '그 때'를 나타 냄. ㉠세 살 적에 찍은 사진. 처녀 적 생각이 난다. 태고 적 이야기.

일(日) '한 날'의 뜻으로 한자말 다음에 주로 날수를 새는 단위로 쓰인다. ㉠삼 일 동안. 십 일이나 걸렸다.

조(朝) 한 계통의 임금이나 사람의 임금이 통치하는 동안 접미사처 럼 쓰이기도 한다. ㉠고려조. 영조조.

지 동작이 있었던 때로부터 지금까지의 동안을 뜻하는 말. 반드시 'ㄴ(은)' 아래에만 쓰인다. ㉠내가 여기 온 지가 벌써 두 달이 넘었다.

초(初) 어떤 기간의 '처음'이나 '초기'의 뜻. ㉠고려 초에. 금년 초에. 학기 초. 圓말.

초(秒) 한 시간을 삼백 육십 도막으로 고르게 나누었을 때 그 나누 어진 하나하나의 시간 길이를 헤아리는 단위. ㉠일 분 일 초.

5. 돈 단위의 의존명사

냥(兩) ①예전에 한 돈의 열곱에 해당하는 돈의 액수를 나타내는
　　단위. ㉑열 냥의 돈. ②'돈'을 뜻하는 명사 뒤에 곧바로 쓰이어
　　'약간의 냥'의 뜻을 나타낸다. ㉑돈 냥이나 만진다.

닢(닙) 돈을 세는 말. ㉑엽전 한 닢.

돈³ 옛날에 엽전 열 푼을 단위로 세는 단위. ㉑금 한 돈 ⓑ돈쭝

돈쭝(⊂重)=돈³. ㉑금 서 돈쭝.

리(釐) ②돈 단위에서 10분의 1전.

분⁹(分) ④=푼③ ㉑1전 5분.

원⁸ 1962년 6월 10일부터 시행한 우리나라 돈의 단위.
　　전의 100곱절

원⁹(元) ①조선 말기 돈의 단위. ②자유중국의 돈 단위의 하나. 1원
　　은 10각이다.

원¹⁰(圓) ①1953년 2월 15일에 시행한 화폐개혁 이전의 돈 단위. 전
　　의 100곱절
　　②=엔³

전(錢) ①돈의 단위 곧 '원'의 백분의 일. ②옛날 엽전 '열 푼'을 일컬
　　음으로 한문 숫자 밑에 쓰는 말

쾌 ①전날에 엽전 열 꾸러미, 곧 열 냥을 한 단위로 세는 말. ⓑ관⁴

①. ②이 말을 단위로 쓰는 명사 아래에 쓰이어 '약간의 쾌'를 나타낸다. ㉐그는 엽전 쾌나 가졌다.

푼 ①한 돈을 열로 나눈 것의 하나, 곧 엽전 한 닢의 단위. ㉐엽전 두어 푼. ②돈을 적은 액수로 보아 세는 단위. ㉐돈 한 푼 없다. 몇 푼 안 되는 보상금. ㉠이 말을 단위로 쓰는 명사 뒤에 쓰여 '약간의 푼'을 나타낸다. ㉐돈 푼이나 있다고 거들먹거린다.

환(圜) ①≪경≫ 1953년 2월 15일부터 1962년 6월 9일까지의 우리나라 화폐단위의 하나. ②대한제국 때의 화폐단위.

6. 길이 단위의 의존명사

길 ①길이 단위의 한 가지. 여덟 자 또는 열 자. 回심②.

②사람의 키와 한 길이.

리^2(厘/釐) 길이 단위에서 '분'의 10분의 일.

리^3(哩)=마일. 예시속 60마일.

리^4(浬)=해리^3. 예오백 해리.

마(碼)=야드. 예광목 한 마 세 치.

바탕^2 활을 쏘아 살이 미치는 거리로 길이를 재는 단위.

예활 두 바탕 거리. 한 세 바탕쯤 떨어진 곳.

심(尋) 노끈이나 물 깊이 따위를 재는 길이의 단위. 중국에서는 여

덟 자. 우리나라에서는 여섯 자로 헤아린다.

장^{20}(丈) ①길이 단위의 한 가지. 한 장은 10척.

②한자로 된 숫자 아래에 붙이어 사람의 키를 나타내는 '길

이'의 뜻으로 쓰는 말.

촌(寸)=치^7.

푼 ④한 치를 열로 나눈 길이의 단위. 예한 치 일곱 푼 되는 띠.

치^7 한 자의 10분의 1에 해당하는 단위.

예한 자 세 치. 한 치의 땅. 回키.

7. 수량(용량/분량) 단위의 의존명사

가리 삼을 벗길 때 널어 말리려고 몇 꼭지씩 한 데에 한 줌 남짓하게 엮은 분량.

가웃 되. 말. 자의 수를 셀 때 그 단위의 반에 해당하는 수량.

나마=남짓 ㉠반 년 나마의 멀고 고된 길이었지만…. 한 시간이나 나마를 뒤진 뒤에….

남짓 어떤 수량에 차고 조금 남는 정도. ㉠서 되 남짓…. 한 달 남짓. 스무 살 남짓. 열 개 남짓. ㉑나마^2

매(枚)=장^{21} ㉠원고지 열장. 신문지 100장. ㉠이 말을 단위로 쓰는 말과 함께 쓰이어 '약간'의 뜻을 나타냄. ㉠종이 매나 가지고 있다. 이 말은 종이의 수량을 나타낸다.

석^4(石)=섬^2 ㉠공양미 삼백 석 [참고] '석'은 명사로서 곡식 따위의 용량을 나타내는 단위의 하나.

섬^2 곡식 따위의 용량을 나타내는 단위의 하나. 한 말의 열 곱절을 나타낸다. ㉠벼 한 섬. 보리 두 섬. ㉑석^4.
　　㉠이 말을 단위로 쓰는 말과 함께 쓰이어 '약간 수의 섬'을 나타냄. ㉠벼 섬은 준비되어야 할 것이다.

분^9 ③=몫① ㉠세 사람 분. 열 명 분. ⑤('분의'로 쓰이어) '몇 부분으로 나눈 가운데의'를 나타냄. ㉠3분의 1. 십분의 이.

보지락 농촌에서 빗물이 땅속에 스며들어간 깊이가 땅을 가는 데 보습이 들어갈 만큼만 된 정도로서 비가 내린 분량을 헤아리는 단위. ㉑봄비가 한 보지락 멋지게 내렸다.

승^7(升)=되^{1}②. '되'의 뜻은 가루, 곡식, 액체 같은 것의 분량을 헤아리는 단위. 한 말을 열로 나눈 그 하나 또는 열 홉이 한 되가 된다. ㉑밀가루 한 되. 석 되의 쌀. 몇 되의 석유. ㉫됫박. ㉠가루 곡식, 액체 같은 것을 가리키는 명사 아래 쓰이어 '다소의 되'를 나타낸다. ㉑좁쌀 되나 팔았다.

잎^2 명주실 한 바람.

작(勺) 분량의 단위. 한 홉의 10분의 1을 나타내는 단위.

제(劑) 탕약 스무 첩 또는 그만한 분량으로 지은 한약이나 고약의 양을 단위로 일컫는 말. ㉑보약 한 제. 탕약 다섯 제. 몸에 사물탕이 좋다고 하여 두어 제 지어 먹었다. ㉠이 말을 단위로 쓰는 명사 아래에 쓰이어 '약간 수의 제'의 뜻을 나타낸다. ㉑보약제나 자시면 효험이 있을 것입니다.

치 일정한 몫. ㉑하루 치 양식. 몇 달 치의 일거리. 세 사람 치의 일삯.

턱 ①=템 ㉑거리가 한 백리 턱은 된다. 한 시간 턱을 기다렸다. 밥을 반 그릇 턱이나 비웠다. ②주로 관형사 '그' 다음에 쓰이어 '일이 되어 가는 정도나 상태'의 뜻을 나타낸다. ㉑만날 그 턱이지 뭐 다를 게 있나.

템 수량을 나타내는 말 다음에 조사 '이나'와 함께 쓰이어 '어떤 수량에 이르는 정도'의 뜻을 나타낸다. ㉑두 달 템이나 걸리다니. 한 섬 템이나 먹는다. ㉫턱^{5}①.

파(把)=줌④ '줌'의 뜻은 한 주먹으로 쥘 만한 분량의 단위. ㉑한 줌의 흙이지만 나에겐 의미가 크다.

판[6](版) 책 따위에 쓰이는 종이의 크기를 나타내는 말. ㉠무슨 판으로 책은 찍는가? ㄱ흔히 접미사처럼 쓰이기도 한다. ㉐사륙판. 사륙배판.

홉[2] 물건을 되어서 헤아리는 것의 단위. 한 되의 10분의 1에 해당한다.

가마[1] 갈모. 쌈지 따위를 셀 때 백개를 단위로 일컫는 말. ㉐한 가마. 세 가마.

거리[4] 오이, 가지 따위의 수효를 셀 때, 50개를 단위로 일컫는 말. ㉐오이 한 거리. 가지 세 거리.

강다리[3] 쪼갠 장작을 셀 때. '백 개비'를 일컫는 단위. ㉐한 강다리하고 반이니 모두 백 쉰 개비가 된다.

리(厘/釐) ①무게 단위에서 10분의 1푼. ②돈 단위에서 10분의 1전. ③길이 단위에서 '분'의 10분의 1.

8. 헤아리는 수 단위의 의존명사

가닥[2] ①한 군데에 딸린 각 줄. ㉠가닥이 나다(지다). 여러 가닥으로 꼰 참바

②①의 수를 세는 단위. ㉠한 가닥. 두 가닥. ㉫교[5]

③빛이나 물 흐름 따위의 줄기. ㉠한 가닥의 햇살. 한 가닥의 희망.

가지[6] 사물의 성질이나 특성에 따라 따로따로 구별되는 낱알을 단위로 일컫는 말. ㉠한 가지 문제. 여러 가지 일.

㉠이 단어를 단위로 명사 아래에 쓰이어 '몇몇 가지의 뜻'을 나타낸다. ㉠반찬 가지나 장만하여 차린 음식상.

거리[2] 무당의 굿이나 춤의 한 장면을 단위로 일컫는 말. ㉠춤 한 거리.

교[4](校) 인쇄 교정의 번수를 나타내는 말.

교[5](絞)=가닥[2]. ㉠삼 교. 오 교.

기[11](基) ①무덤, 비석, 탑 따위를 세는 단위.

② 원자로, 유도탄 따위를 세는 단위.

기[12](騎) 말을 탄 사람의 수를 세는 단위.

님[2] 바느질 소용으로 토막 친 실을 세는 말.

닢(닙) ①돈이나 가마니, 멍석 따위와 같은 납작한 물건의 낱낱을

세는 말. ㉠엽전 한 닢. 돗자리 두 닢. 멍석 한 닢.

②수¹⁷①=시나 노래를 세는 단위. ㉠시 한 닢. 노래 두 닢.

당(當) 주로 단위를 나타내는 명사 뒤에서 그 명사가 가리키는 '사물 하나하나 앞'의 뜻을 나타냄. ㉠땅이 평 당 얼마나 합니까? 머리 당. 근 당. 호 당. 일 당.

대⁹(臺) ①자동차, 비행기 또는 기계 따위를 세는 단위 ㉠자전거 한 대. 비행기 두 대. 윤전기 한 대.

②수 액수 따위를 뜻하는 말. 아래에 붙어서 '그 대체의 범위'를 나타내는 말. ㉠백억 대의 재산가

두(頭)=마리 ㉠소 20두. 말을 몇 두나 기르시오?

리(厘) 십진법에서 1,000분의 1을 일컫는 말.

량(輛) 열차의 차량의 수를 단위. ㉠화차 삼십 량.

마리² 동물을 세는 단위.

　　㉠네 발 짐승을 셀 때 ㉠토끼 두 마리. ㊁두⁵. 필³.

　　㉡날짐승을 셀 때 ㉠참새 한 마리. ㊁수¹⁷.

　　㉢ 물고기나 벌레를 셀 때 ㉠조기 세 마리. 개미 한 마리.

　　㉣ 이 말을 단위로 쓰는 명사와 함께 쓰이어 '약간의 그 것'을 나타냄 ㉠붕어 마리나 잡았다.

마리³ 《옛》 시의 편수를 세는 단위

명(名) 숫자 아래에 붙여서 사람의 수효를 나타내는 말

모⁷ 두부, 묵 따위의 덩이를 세는 단위. ㉠두부 한 모. 묵 두 모.

모⁸(毛) 십진법에서 10,000분의 1을 일컫는 말.

문(文) 신발 치수의 단위.

문(問) 포나 기관포 따위를 세는 단위 .㉠대포 다섯 문.

발⁸(發) ①=방⁸①. ㉠총 한 방. 몇 방의 박격포.

②비행기 같은 것에 장치되어 있는 발포기의 수를 나타내는
단위. ㉠4발 비행기

방[8](放) ①총포를 쏘거나 남포 따위를 터트리는 수의 단위. ㉠총을
한 방 놓았다. 남포가 서너 방 터졌다. 비밭[8].

②주먹 따위를 때리는 수. ㉠주먹 한 방에 나가 떨어졌다.

③방귀를 뀌는 수.

배(杯) 술이나 음료의 잔 수를 세는 단위. ㉠일 배 일 배 부일 배.

보[11] 저담이나 웅담 따위를 세는 단위. ㉠웅담 두 보. 산저담 세 보.
얼음 상자에서 양 한 보를 꺼내어 소금을 뿌려서 거피를 내고
이겼다.

본(本) 영화 필름의 한 편을 세는 단위. ㉠필름 한 본만 복사하였다.

분[8] ②사람을 세는 단위. ㉠두 분. 손님 몇 분

살(C셜/C셜) ①나이를 세는 말 ㉠한 살 두 살

②잠[1]②.

새[7] 피륙의 날을 세는 단위. 날 실 여든 올을 한 새로 친다. 비승[8]

성(成) 환금의 순도를 나타내는 단위 이름. 순수한 정도를 십 등분
하여 십 성이면 순금이라 한다.

수[1](首) ①시나 노래를 세는 단위. ㉠시 한 수. 시조 다섯 수.

②=마리[2]①ㄴ. ㉠닭 이십 수.

승[8](升)=새[7] ㉠7새 베. 9새 베.

연[11](連⊂영.ream) 양지 백장의 단위. ㉠한 연. 두 연.

영[8](영) 가죽 따위를 세는 단위 이름. ㉠호피 일 영. 양피 세 영.

영[9](齡) 누에의 나이를 세는 단위 이름. 잠과 잠 사이.

위(位) 신주 또는 위패에 모신 신의 수효를 셀 때에 쓰는 말. ㉠법당
에 모셔져 있는 세 위의 큰 불상.

잎² ①명주실 한 바람.

②→ 닢.

장(張) ①종이나 유리 따위의 얇고 넓적한 물건을 세는 데 쓰는 말.
예김 석 장. 유리 두 장. 종이 일곱 장. 비매⁷.

②활을 세는 단위.

③접미사처럼 쓰이어 '얇고 넓적한 물건의 조각'의 뜻을 나타
낸다. 예백지장. 종잇장.

자루³ 이긴 물건을 세는 단위. 예연필 열 자루. 총 두 자루. 비정¹³.

정(梃) =자루³.

족족 '하나하나마다'의 뜻. 예보는 족족 잡아라. 가는 족족 정들여
놓았다. 오는 사람 족족 다 그 모양이야.

좌⁴(座) 집, 불상, 거울 따위의 일정한 물체를 세는 단위. 예한옥
1좌. 불상 1좌.

채⁷ ①집의 덩이를 세는 단위. 예오막살이 한 채. 기와집 세 채.
비동⁹.

②큰 기구 따위를 세는 단위. 예가마 한 채. 상여 두 채. 수레
몇 채.

③ 이불 따위를 세는 단위. 예이불 두 채.

④인삼 백근을 단위로 일컫는 말. 예두세 채의 인삼.

척(隻) 배의 수효를 세는 단위. 예배 두 척. 군함 몇 척.

초(秒) ①한 시간을 삼백육십 도막으로 고르게 나누었을 때 그 나누
어진 하나하나의 시간 길이를 헤아리는 단위. 예일 분 일 초.

②각도 일도를 삼백 육십으로 고르게 나누었을 때 그 나누어
진 하나하나의 각도를 헤아리는 단위.

추²(錘) 방추의 수를 나타내는 단위. 예백 추.

축[8] 오징어 스무 마리의 단위. 요즈음은 열 마리로 한다. ㉠오징어
　　한 축.

축[9](軸) ①책 스무 권을 기준으로 하여 세는 단위.

　　②한지는 열 권, 두루마리는 하나를 기준으로 하여 종이를 세는
　　단위.

　　③예전에 과거를 볼 때 답안 열장을 하나로 묶어 세는 단위.

치[7] 한 자의 10분의 1에 해당하는 단위. ㉠한 자 세 치. 한 치의
　　땅. ㉙촌.

쾌[3] ①북어 스무 마리를 한 단위로 세는 말. ㉠북어 한 쾌. ㉤단위로
　　쓰는 명사와 함께 쓰이어 몇몇 수의 그것을 나타낸다.

　　②전날에 엽전 열 꾸러미 곧 열 냥을 한 단위로 세는 말. ㉙관[14]
　　㉤이 말을 단위로 쓰는 명사 아래에 쓰이어 '약간의 쾌'를 나
　　타낸다. ㉠엽전 쾌나 가졌다.

타[2](打)=다스 ㉠연필 한 타. 양말 두 타.

탕[3] 어떤 일의 횟수를 나타낸다. ㉠오늘은 운행을 열 탕이나 했다.

테[2] 서려 놓은 실의 묶음을 세는 말. ㉠한 테. 두 테

톳[2] 김 따위의 마흔 장 또는 백 장을 한 묶음으로 세는 단위. ㉠김
　　한 톳. ㉙속[6]

　　㉤이 말을 단위로 쓰는 명사 아래에 쓰이어 약간의 그것을
　　나타낸다. ㉠김 한 톳이나 샀다.

통[11](通) 서류나 편지를 세는 단위. ㉠한 통의 편지. 호적초본 세
　　통. ㉤이 말을 단위로 쓰는 명사 아래에 쓰이어 '몇몇의 통'의
　　뜻. ㉠그에게서도 편지 통이나 받았다.

평[2](坪) ①여섯 자 평방으로 땅의 면적을 재는 단위. ㉠논 백 평.
　　열 평의 대지. ㉙보[12]③.

②여섯 자 입방으로 입체를 재는 단위.

③한 자 평방으로 헝겊, 유리, 벽 따위를 재는 단위.

④한 치 평방으로 조각 구리판 따위를 재는 단위.

⑤=조짐^2.

편(篇) ②시문 따위를 세는 단위. ㉠시 다섯 편과 수필 두 편. 몇 편의 논문.

9. 추상적인 뜻의 의존명사가 문맥에 따라 분명한 뜻을 나타내는 의존명사

것(건) ①관형격 조사 '의'나 관형사, 관형어 따위의 아래에 쓰이어 그 물건, 일(사실), 현상, 성질 따위를 나타내는 말. ⑩남의 것. 뉘 것이냐? 새것과 헌 것. 아름다운 것. 시키는 것. 책임 진 것. 먹을 것과 입을 것. 취할 것과 버릴 것. 㲱거¹. ⑩그렇고 그런 거야.

②관형어나 대명사 따위의 아래에 쓰이어 그 사람을 낮잡아 가리키는 말. ⑩젊은 것들. 너 같은 것이. 그까짓 것이 뭘 안다고. 㲱거¹.

③관형어 아래에 쓰이어 '확신'이나 '추측'을 나타낸다. ⑩그 는 꼭 올 것이다. 내일 날씨는 좋을 것이다. 고생 끝에 복을 누리는 것이다. 㲱거¹.

④주로 글말에서 '-ㄹ꼴' 관형어 아래에 쓰이어 명령을 나타 낸다. ⑩위험! 가까이 오지 말 것.

겸(兼) ①두 명사 사이에 쓰이어 그 명사들의 내용이 어우러짐을 나타내는 말. ⑩사무실 겸 가정집. 아침 겸 점심. 부총리 겸 경제기획원장관.

②어미 'ㄹ(을)' 아래나 '기' 아래에 쓰이어 그 일들을 나타내

는 말. ㉾뽕도 딸 겸, 임도 볼 겸. 놀 겸, 견학도 할겸 우리는 여행을 떠났다.

김 어떤 기회나 바람. ㉾만난 김에 내 부탁도 해 주렴. 온 김에 만나 보자. 하던 김에 이 일도 해 치우자.

나마 =남짓('이상'의 뜻). ㉾한 시간이나마 걸렸다.

나름 명사나 동사 밑에 쓰이어 됨됨이 또는 하기에 달림을 나타내는 말. ㉾사람 나름. 물건 나름. 보기 나름. 먹을 나름. 자기 나름대로의 기준. 내 나름의 견해. 사람도 사람 나름이죠. 네 나름대로 하라.

대로 그 이끄는 짜임새를 부사어로만 되게 하는 의존명사의 하나. ①'그 상태로'의 뜻. ㉾놓인 대로 두어라. 본 대로 느낀 대로 쓸 것.
②'하는 바와 같이'의 뜻. ㉾말씀하신대로 저도 그렇게 생각합니다.
③'~을 좇아서, ~하는 데 따라'의 뜻. ㉾시키는 대로 하겠다.
④'하는 족족'의 뜻. ㉾보는 대로 사 달라고 한다. 주는 대로 다 받아먹었다.
⑤용언의 관형형 다음에 쓰이어 '만큼'의 뜻을 나타낸다. 특히 '-ㄹ/-을/-ㄴ/-는/-은' 꼴 뒤에서는 '만큼'보다 센 뜻을 나타내기도 한다. ㉾되는 대로 하시오. 하고 싶은 대로 다 해 보았다. 좋은 대로 하시오.

데 ②'경우'나 '처지'를 나타내는 말. ㉾배 아픈 데에 잘 듣는 약. 일이 이렇게 된 데는 네게도 책임이 있다.
③'일'이나 '것'의 뜻을 나타내는 말. ㉾그를 설득하는 데에 며칠이 걸렸다.

둥 ①용언의 관형사형 '-ㄴ/-는/-은/-ㄹ/-을' 아래와 주로 '말다'
의 관형사형('마는', '만', '말') 아래에 '-둥, -둥' 꼴로 거듭
쓰이어 '것 같은'의 뜻을 나타낸다. 예보는 둥 마는 둥 했다.
갈 둥 말 둥. 좋은 둥 만 둥.

②'-는 둥'으로 거듭 쓰이어 '이렇게 한다거니 저렇게 한다거
니' 또는 '이렇다거니 저렇다거니'의 뜻을 나타낸다. 예가겠
다는 둥 안 가겠다는 둥. 둥굴다는 둥 모 났다는 둥 서로 생각
이 달랐다. 믿을 만한 사람이라는 둥 아니라는 둥 말들이 오
갔다.

듯 ①'추측'의 뜻을 나타낸다. 예바람이 부는 듯 전선이 울고 있다.
②'거짓으로 꾸며져 있음'의 뜻을 나타낸다. 예퍽 겸손한 듯
행동하지만 잘 아는 듯 이야기를 한다.

③듯 - 하다. 예비가 올(오는, 온) 듯 하다. 비-듯 싶다. '땀이
비 오듯 하다'에서 동사의 어간 다음에 '-듯'이 쓰이어 비유
의 의미를 나타낼 때의 '-듯'은 어미이다. 이 때 '-듯'은 뒤에
오는 '하다'와는 별개의 단어이므로 띄어 쓴다. '듯이'는 '듯'
의 힘줌말. 예부러운 듯이 바라본다.

따름 관형사형 '다음'으로 된 용언 아래에 쓰이어 '오로지 그것'의
뜻을 나타낸다. 예그저 웃기만 할 따름이다. 진리는 하나만
있을 따름이다.

따위 ①다름 말 아래에 쓰이어 '그와 같은 종류'의 뜻을 나타냄.
예두부, 콩나물 따위의 찬거리를 샀다.

②그런 따위 말하는 대상을 하찮게 일컫는 말. 예네 따위가
뭘 안다고. 이 따위를 어디다 쓴담. 두려움 따위는 없다. 철수
따위는 상대도 안한다. 일을 이 따위로 밖에 못하겠니?

리⁵(理) 씨끝 'ㄹ'다음에 '있다', '없다' 따위와 함께 쓰이어 '까닭', '이치'의 뜻을 나타내는 말. ㉠그럴 리가 있나? 오르고 또 오르면 못 오를 리 없건마는…. 있을 리 없다.

만⁵ ①명사나 동사의 '-ㄹ/-을' 아래에서 '그 정도에 이를'의 뜻을 나타낸다. ㉠나의 재주가 너 만(이야) 못하랴? 짐승 만도 못한 사람.

②동사의 '-ㄹ/-을' 아래에 쓰이어 그렇게 할 '값어치 있음'을 나타낸다. ㉠한 번쯤 볼 만도(은, 이야) 한데.

③-만하다 ㉠밥을 먹을 만한 나이.

만큼¹ ②(용언의 '-ㄴ/-는/-은' 꼴 뒤에 쓰이어) 까닭이나 근거를 나타낸다. ㉠질이 좋은 만큼 싸겠지. 아는 만큼 가르쳐 주지. 圓만치¹

망정 '-기에', -니', -니까', '-아(서)', '-이야' 따위의 다음에 '망정이지'로 쓰이어 '괜찮거나 잘 된 일'의 뜻을 나타낸다. ㉠급히 왔기에 망정이지 하마터면 큰일 날 뻔했다. 마침 돈이 있었으니 망정이지 안 그랬으면 영락없이 남의 손에 넘어가는 거였다.

머리² ②일의 한 차례나 한 판. ㉠한 머리 싸움이 지나고 산골짝엔 다시 뻐꾸기 소리가 퍼졌다.

③한 쪽 옆이나 한 쪽 가장자리. ㉠배추를 한 머리에서 뽑고 한 머리에선 손질을 하였다. ㉠ 뒷가지처럼 쓰이기도 한다. ㉠논머리. 밭머리. 상머리.

④어떤 철이나 때가 시작되는 무렵. ㉠새벽 머리. 삼복 머리. 해질 머리. 음력 칠월 초순 머리.

며리 '-ㄹ'꼴 관형어 다음에 쓰이어 '까닭'이나 '필요'의 뜻을 나타낸다. ㉠시비를 따질 수도 있겠지만 그럴 며리가 도무지 없다.

폐를 끼칠 머리가 없지 않은가?

바⁴ ①용언의 관형사형 '-ㄴ/-은/-는'과 '-ㄹ/-을', '던' 다음에 쓰이어 앞 말의 그 내용(사실)이나 일 따위를 나타내는 말 ㉠내가 본 바를 말하겠다. 말하는 바에 따라. 우리가 할 바가 무엇이냐? 내가 생각하던 바와는 다르다.

②'방법'을 나타낸다. ㉠어찌할 바를 모르겠다.

③주로 '-에'로 쓰이어 '기회', '경우' 따위를 나타낸다. ㉠여기까지 온 바에 그를 만나지 않을 수 없다. 고생을 하는 바에 좀 더 견딥시다. 이왕 늦은 바에 더 놀다 가렴. 거기에 갈 바에는 이것을 가지고 가지. 어차피 매를 맞을 바에는 먼저 맞겠다.

바람³ ①어떤 일에 더불어 일어나는 기세. ㉠술 바람에 할 말을 다 했다.

②용언의 관형사형 '-ㄴ/-은/-는' 다음에 쓰이어 '원인'이나 '근거' 등을 나타내는 말. ㉠모두 웃는 바람에 잠시 어리둥절했다.

③어떤 기세나 기운이 일어나는 짧은 동안. ㉠단 바람으로 집에까지 달려 왔다.

④몸에 차려야 할 것을 차리지 않고 있는 행색. ㉠저고리 바람으로 나들이를 할 수는 없소. 버선 바람으로 달려 나갔다.

배⁸ '바이'의 준말로 '바가'의 뜻. ㉠그들이 무어라 말하든 내 알 배 아니다.

부¹¹(附) 날짜를 나타내는 말 다음에 쓰이어 그 날짜로 발행되거나 효력이 발생된 것임을 나타냄. ㉠3월 1일 부 신문. 오늘 부로 과장직에 임명한다. 내일 부로 사표를 내겠다.

뿐¹ ①용언의 '-ㄹ/-을/' 꼴 아래에서 '다만 그리하거나 그렇게 할 따름'이라는 뜻을 나타냄. 예좋을 뿐 아니라 값도 싸다. 들었을 뿐이고 보지는 못했다.

②서술형어미 '-다' 아래에 쓰이어 '오직 그렇게 하거나 그러하다는 것만 한정함'을 나타낸다. 예왔다 뿐이지 볼 수가 없었다. 돈만 없다 뿐이지 다른 것은 다 갖춘 신랑감이다.

사[8](事) 지시, 명령, 경고 따위의 글에서 용언의 '-ㄹ/-을' 관형사형에 이어 '일' 또는 '것'의 뜻을 나타냄. 예면회인은 반드시 수위실을 경유할 사. 규장각을 혁파할 사.

살[5] ①나이를 세는 말. 예한 살. 두 살. ②→잠².

성[8] 용언의 관형사형 '-ㄴ/-은/-ㄹ/-을/ㄴ/-는' 아래에 '싶다' 따위와 함께 쓰이어 '것 같다'의 뜻을 나타낸다. '-ㄹ/-을' 아래에서는 '가능성'의 뜻을 띠기도 한다.

[보형] [여 불]성하다. 비성싶다.

손[8] 주로 용언의 끝 '-다'와 관형사형 '-ㄹ'의 아래에 '셈'의 뜻으로 쓰이는 말. 예철이 없다 손 치더라도. 그대로 흐지부지 넘긴다. 손 치자. 못 만날 손 치더라도.

양 ①용언의 관형사형 '-ㄴ/-은/-는' 아래에 쓰이어 '모양, …처럼'의 뜻을 나타낸다. 예마치 학자인 양으로 말한다. 아는 것도 모르는 양(을) 했다.

②용언의 관형사형 '-ㄹ/-을' 아래에 쓰이어 '하고자 하는 생각'의 뜻을 나타낸다. 예데려갈 양으로 한다. 공부를 할 양이면 마음을 가다듬어야지. 양-하다. [보형] [여불]①. 예돈이 있는 양했다. 다정도 병인 양하여 잠 못 들어 하노라.

장(張) ①종이나 유리 따위의 얇고 넓적한 물건을 세는 데 쓰는 말. 예김 석 장. 유리 두 장. 종이 일곱 장. 비매⁷.

②활을 세는 단위.

③접미사처럼 쓰이어 '얇고 넓적한 물건의 조각'의 뜻을 나타낸다. ⑩백지장. 종잇장.

저⁴(著) 저술, 저작의 뜻. '지음'으로 순화.

조(條) ①'조목'이나 '조항'의 뜻. ⑩헌법 제1조.

②어떤 조건. ⑩집을 계약하는 조로 20만 원을 주었다. 상금 조로 받은 돈.

줄⁴ '-ㄴ/-ㄹ' 관형사형 아래에 쓰이어 '사실', '방법', '셈속' 따위를 나타냄. ⑩먹을 줄 안다. 그런 줄을 몰랐다. 그는 이것을 자기 것이라 할 줄밖에 모른다.

지(指) '손가락'을 뜻하는 말. 한자어의 수 밑에 쓰인다. ⑩십 지 안에 든다.

집(輯) 이시나 문장 따위를 엮어 낸 차례의 책.

차 동사의 '-던' 꼴 다음에 쓰이어 그러한 '기회'의 뜻. ⑩떠나려던 차에. 심심하던 차였는데 잘 오셨습니다.

착(着) 땅이름이나 시간을 나타내는 말 뒤에 쓰이어 '다다름'의 뜻. ⑩김포공항 착. 15일 착. 12시 착. ⑪발⁹.

채 ①용언의 '-은/-는' 뒤에 쓰이어 어떤 상태 '그대로'의 뜻 ⑩꿩을 산 채로 잡았다. 앉은 채로 잠을 잤다.

②째 〈평북〉

척⁴=체 ⑩모른 척 딴전만 부린다. 꽤나 잘난 척을 한다. 척-하다. [보형] [여불] ⑩한 잔 술에 취한 척한다.

척⁵(尺)=자¹②.

치⁵ ②어떤 곳에 있거나 어떤 것에서 나는 물건. ⑩속의 치. 옛날 치. 사과는 대구 치가 좋다.

치[6] 일정한 몫. ㉠하루 치 양식. 몇 날 치의 일거리. 세 사람 치의 일거리.

터 ①동사나 형용사의 끝 'ㄹ' 뒤에 쓰이어 '예정'이나 '추측'의 뜻을 나타내는 말. ㉠내가 갈 터이다. 그것이 좋을 터이다.
②동사나 형용사의 끝 '-ㄹ' 뒤에 쓰이어 '형편'이나 '처지'의 뜻을 나타낸다. ㉠세끼를 굶은 터에 찬밥 더운밥을 가리겠느냐?

턱[5] ①=템. ㉠거리가 백 리 턱은 된다. 한 시간 턱을 기다렸다. 밥을 한 그릇 턱이나 비웠다.
②주로 관형사 '그' 다음에 쓰이어 '일이 되어가는 정도나 상태'의 뜻을 나타냄. ㉠만날 그 턱이지 뭐 다를 게 있나.

테 의존명사 '터'에 '이'가 합치어 줄어진 말. '-ㄹ' 관형어 아래에 쓰이어 '작정'이나 '예정'의 뜻을 나타냄. ㉠나도 갈 테다. 할 테면 해 봐.

통 ①주로 체언 아래에서 '통에'로 쓰이어 어떤 일이 벌어진 판국이나 기회. ㉠난리 통에 온갖 고생을 하고, 싸움 통에 끼이다. 장마 통에 농작물이 잠겼다. 그 통에 깜짝 놀라 잠을 깨기는 하였지만. ≪유치진 원술랑≫
②용언의 '-ㄴ/-은/-는' 꼴 아래에 '통에'로 쓰이어 '까닭', '근거' 따위를 나타냄. ㉠누가 고함을 지르는 통에 잠이 깨어 버렸다. 사람이 많은 통에 그를 만날 수가 없었다.

판(版) 책 따위에 쓰이는 종이의 크기를 나타내는 말. ㉠무슨 판으로 책을 찍는가? ㉠흔히 접미사처럼 쓰이기도 한다. ㉠사륙판, 사륙 배판, 신국판.

편[5](便) 사람이 오고가거나 물건을 부쳐 보내는 데에 이용하는 기

회나 수단. ㉠자동차 편. 비행기 편. 그 사람 편에 보냈다. 내
려가는 기차 편을 이용하였다.

편⁶(篇) ①책 속에서 같은 분야나 갈래 끼리 크게 가른 한 부분. ㉠그
문학 전집은 소설, 시, 희곡 등 다섯 편으로 되어 있다.

편⁷(編) 사람이나 단체 이름 아래에서 '편찬'의 뜻. ㉠교육부 편 국
어 교과서.

폭 ①'-은/-는' 관형사형으로 된 용언 다음에 쓰이어 '그러한 종류
에 딸린 것'의 뜻을 나타냄. ㉠열차도 안전한 폭이긴 합니다.
그이도 술을 좀 먹는 폭이지요.

②두 일을 견주어 놓고, 좋고 나쁨을 가리는 말에서 '이', '그'
또는 '-는' 관형사형으로 된 동사 다음에 형용사와 더불어 쓰
이어 '그러한 일의 쪽'의 뜻을 나타냄. ㉠섣불리 아는 것보다
모르는 폭이 낫다. 차라리 그 폭이 좋겠군요.

③'-은/-는' 관형사형으로 된 동사 다음에 쓰이어 '그렇게 헤
아리거나 인정하는 쪽'의 뜻을 나타낸다. ㉠안 먹었어도 먹은
폭으로 치자. 다시 태어난 폭 잡고… 날짜로 치면 이틀은 걸
린 폭이다. 일종의 비상경계령이 내려진 폭이 되었다.

④'정도'나 '수량'을 뜻하는 말 다음에 쓰이어 '그러한 정도에
해당하는 크기'의 뜻을 나타냄. ㉠키가 나의 절반 폭밖에 안
된다. 사과를 네 개 폭은 먹었다.

품 '-ㄴ /-는' 관형사형 동사 아래에 쓰이어 그 '동작이나 됨됨이'
의 뜻을 나타냄. ㉠서두르는 품이 퍽 다급했나 보다. 말하는
품을 보니 여간 아니겠다. 생긴 품이 말이 아니다.

해⁶ 사람을 나타내는 명사 다음에 쓰이어 '것'의 뜻으로 '소유'를
나타내는 말. ㉠내 해. 네 해. 뉘 해.

10. 차례의 뜻을 나타내는 의존명사

대(代) 세대나 지위의 차례를 세는 단위. 이 '대'는 나로부터 위로 조상 쪽으로 거슬러 올라가면서 차례를 헤아릴 때 쓰는데 '나'는 포함되지 않는다. 예를 들면 '나의 4대조'라고 하면 '아버지→할아버지→증조부→고조부'로 되는데 '고조부'가 나의 4대조가 된다.

물⁵ ②농산물이나 해산물 따위가 얼마 동안의 사이를 두고 한 목 한 목 무리로 나오는 차례.

③누에 슬어 놓은 차례.

바탕² ②어떤 일의 한 차례. ㉐씨름을 몇 바탕 했으나 모두 지고 말았다. 장기를 한두 바탕 두다가 그만 싸움이 벌어졌다.

세(世) 가계나 지위의 차례를 나타내는 단위의 하나.

㉐3세 손. 4세 손. 나폴레옹 3세. 록펠러 2세.

이 '세'는 조상으로부터 아래로 내려오면서 차례를 셀 때 쓰는 말인데 '나'를 포함해서 차례를 나타내어야 한다. 예로 '3세 손' 하면 '할아버지→ 아버지→ 나' 이렇게 해서 '나'는 '할아버지 3세 손'이 된다.

홰 새벽에 닭이 홰를 치고 우는 차례를 세는 말. ㉐닭이 세 홰 째 운다. 홰를 치다. 새 따위가 날개를 벌리고 탁탁 치다.

회(回) 한자말 수사 아래에 쓰이어 돌아오는 차례를 나타내는 말

㉮제1회. 제5회. 발표회.

11. 약간의 뜻을 나타내는 의존명사

가지 '가지'를 단위로 쓰는 명사 아래에 쓰이어 '몇몇 가지의 뜻'을 나타냄. ㉎반찬 가지나 장만하여 차린 음식상.

근(斤) 600g에 해당하는 재래의 무게 단위. 375g을 기준으로 하기도 한다. ㉠이 말을 단위로 쓰는 명사 아래에 쓰이어 '약간의 근'의 뜻을 나타냄. ㉎고기 근이나 사야지.

나마²=남짓 ㉎반년 나마의 멀고 고된 길이었지만…. 한 시간 나마를 뒤진 뒤에….

남짓 어떤 수량에 차고 조금 남는 정도. ㉎서 되 남짓. 한 달 남짓. 스무 살 남짓. 열 개 남짓. ㉫나마².

냥 '돈'을 뜻하는 명사 뒤에 곧바로 쓰이어 '약간의 냥'의 뜻을 나타냄. ㉎돈 냥이나 만진다.

마리 '마리'를 단위로 쓰는 명사와 함께 쓰이어 '약간의 그것'을 나타냄. ㉎붕어 마리나 잡았다.

마지기 이 말을 단위로 쓰는 명사 아래에 쓰이어 '약간의 마지기'를 나타냄. ㉎거기에는 논 마지기나 가지고 있다.

매(枚) 이 말을 단위로 쓰는 말과 함께 쓰이어 '약간'의 뜻을 나타냄. ㉎종이 매나 가지고 있다.

제(劑) 이 말을 단위로 쓰는 명사 아래에 쓰이어 '약간의 수의 제'의 뜻을 나타낸다. ㉠보약제나 자시면 효험이 있을 것입니다.

쾌 ①이 말을 단위로 쓰는 명사 아래에 쓰이어 '약간의 쾌'를 나타 낸다. ㉠엽전 쾌나 가졌다.

②단위로 쓰는 명사와 함께 쓰이어 '몇몇 수의 그것'을 나타 낸다. ㉠북어 쾌나 샀다.

푼 이 말을 단위로 쓰는 명사 아래에 쓰이어 '약간의 푼'을 나타낸 다. ㉠돈 푼이나 있다고 거들먹거린다. 위에 낱말 이외에도 단위로 쓰이는 말은 대개 위와 같이 쓰이는 일이 많다. 예를 들면 '마지기', '통(通)', '톳', '타(打)=다스', '칸- 집 칸이나 마 련했나?', '채- 집 채나 가지고 있나?', '축(軸)- 종이 축이나 팔렸나?', '척(隻)- 배 척이나 가졌다고 까분다.', '연(連)- 종 이 연이나 있나?', '살=나이 살이나 먹었나?', '손-고기 손이 나 샀다.', '되-곡식 되나 있나?', '잔²- 술 잔이나 마셨나?', '모- 두부 모나 샀나?', '권(卷)- 책 권이나 있나?' 등이다.

12. 도수(度數)의 의존명사

도(度) ①≪수≫ 각도의 단위. 보통 숫자 어깨에 °를 두어 나타낸다.
⑩90°, 360° 따위.
②≪지≫ 경도, 위도의 단위.
③≪물≫ 순도의 단위. ⑩섭씨 100도.
④≪악≫ 음정을 나타내는 단위. ⑩완전 5도. 감 3도.
⑤횟수를 세는 말. ⑩4도 인쇄.
⑥≪화≫ 경도, 비중, 농도를 나타내는 단위. ⑩30도 소주.
분[9](分) ②각도나 경위도에서 1도의 60분의 1을 나타내는 단위.
⑩30도 5분.
부[12](일 分)→분.
초(秒) ②각도 1도를 삼백육십으로 고르게 나누었을 때, 그 나누어
진 하나하나의 각도를 헤아리는 단위.

13. 속도 및 거리 단위의 의존명사

리¹(里) 약 0.4㎞쯤 되는 거리의 단위.

리³(哩) =마일. 거리를 나타내는 단위의 하나. 1마일은 대략 1.6㎞
　　쯤 된다. 영리⁴ 예시속 60마일

리⁴(리) =해리³. 해상에서 거리를 나타내는 단위. 위도 1도의 60분
　　의 1, 약 1.85㎞에 해당한다. 비리⁴. 예오백 해리

마신(馬身) 경마에서 말 한 마리의 길이로써 재는 거리의 단위.
　　예2등을 한 말이 2마신 차이로 들어왔다.

보¹²(步) ①주척으로 여섯 자 되는 길이를 단위로 하여 거리를 재는
　　단위.
　　②=걸음④ 예십 보 앞으로.
　　③=평²①.

영리⁴(英里)=마일.

정(町) 거리의 단위. 간의 60배에 해당한다.

14. 정도의 의존명사

듯 용언의 관형사형 '-ㄴ/-은/-는/-ㄹ/-을' 아래에 쓰이어 '비슷하거나 같은 정도'의 뜻을 나타낸다. ㉎조는 듯 꾸벅거리고 있다. 부러운 듯 바라보고 있다. 속이 타는 듯 했다.

만[5] 명사나 동사의 '-ㄹ/-을' 아래에서 그 '정도의 이름'의 뜻을 나타낸다. ㉎나의 재주가 너 만(이야) 못하랴. 짐승 만(도) 못한 사람.

만치=만큼[1].

분[9](分) ⑤('분의'로 쓰이어) '몇 부분으로 나눈 가운데의'를 나타낸다. ㉎3분의 1.

15. 복수를 뜻하는 의존명사

들 ①앞에 들어 보인 사물 모두. ㉠김씨, 이씨, 박씨 들 세 분이 왔
　　다 가셨다오. ㉑등⁷①.
　　②앞에 들어 보인 사물과 같은 그 밖의 것이 더 있음을 나타
　　낸다. ㉠서울, 부산, 대구 등, 큰 도시에는 인구 문제가 심각하
　　다. ㉑등⁷①.
등⁷ ①=들². ㉠철수, 영수 등이 왔다.
　　②=등등
등등 여러 사물을 죽 들어 말하다가 그 밖의 몇몇을 줄임을 나타낸
　　다. 명사 뒤에나 어미 '-ㄴ' 뒤에 쓰인다. ㉠떡, 밥, 술 등등
　　무척 먹어댄다. 글도 짓고, 그림도 그리고, 노래도 하는 등등
　　재미있게 즐겼다. ㉑등⁷②

16. 나이를 뜻하는 의존명사

살[5](⊂ 설/ ⊂ 셜) ①나이를 세는 말. ㉘한 살. 두 살.
②→잠[1]②.

세(歲) 한자말 숫자 다음에 쓰이어 '살'을 나타내는 말.
㉘금년 십오 세. 만 이십 세.

영(齡) 누에의 나이를 세는 단위 이름. 잠과 잠 사이.

하(夏) ≪불≫ 중이 된 뒤로부터의 나이를 셀 때에 쓰는 말. ㉘대교
사는 법랍이 20하 이상이라야 함.

17. 곳 또는 처지와 경우를 뜻하는 의존명사

게 '살고 있는 곳'의 뜻. ㉎우리 게는 올해 풍년인데 자네 게의 농사
　는 어떤가?

데 ①'곳'을 나타내는 말. ㉎깊은 데. 사는 데. 갈 데가 없다.
　②'경우'나 '처지'를 나타낸다. ㉎배 아픈 데에 잘 듣는 약. 일
　이 이렇게 된 데는 네게도 책임이 있다.

제**3**부

외래어로서 국어의 의존명사가 된 것들

여기서도 뜻에 따라 분류하여 설명하기로 한다.

1. 돈 단위 의존명사

랜드(영.rand) 남아프리카의 기본 돈 단위.

루불(러.rubl) 러시아 및 소련의 화폐의 기본 단위.

루피(영.rupee) 인도, 파키스탄, 스리랑카 화폐의 기본 단위.

리라(이.lira) 이태리의 기본 돈 단위.

센트(미.cent) 미국 돈의 단위 이름. 100cent가 1달러가 된다.

　　圓선[11]=센트.

엔[2](일.yen C 円) ①일본 화폐 단위의 하나. '센'의 100배 圓[10]

　　②. ①1953년 2월 15일에 시행한 화폐 개혁 이전의 돈 단위.

　　전의 100곱절 ②=엔[2].

페니(영.penny) 영국 돈의 단위. 1실링의 12분의 1이며 그 복수는

　　펜스라 한다.

페니히(도.pfennig) 독일 돈의 단위. 마르크의 100분의 1에 해당하

　　는 동전이다.

페세타(스.peseta) 에스파냐 돈의 단위.

펜스[2](영.pence) 영국 돈의 단위. '페니'의 복수

프랑(프.franc) 프랑스, 스위스, 벨기에의 돈 단위.

2. 힘, 압력 단위의 의존명사

가우스(도.gause) ≪물≫ 독일의 물리학자 가우스가 제창한 자속의
　밀도를 나타내는 시지에스(C.G.S) 단위. 1전자 단위의 자기량
　을 가지는 자속에 1다인의 힘을 미치는 세기이다.

그램중(영.gram重) ≪물≫ 표준 중력에서 1g 질량의 물체가 나타내
　는 중력과 같은 힘의 단위. 980.665다인과 같다. 기호 g중 또
　는 gw.

마이크로퀴리(c영.microcurie) 100만분의 1퀴리.

메가바(영.megabar) ≪물≫ c㎡에 대하여 100만 다인의 힘이 주어질
　때의 압력 단위. 기상학에서는 이 압력을 '1바'로 한다.

밀리바(영.Millibar) 주로 기압을 재는 데에 쓰이는 압력의 단위. 1,0
　00분의 1바. 기호는 mb 또는 mbar.

밀리볼트(영.millivort) ≪물≫ 1볼트의 1,000분의 1 볼트.
　기호 mV.

밀리암페어(영.miliampere) ≪물≫ 1,000분의 1암페어.
　기호 mA.

바[5](영.bar) ≪물≫ 압력의 절대 단위. 1c㎡에 대하여 100만 다인의
　힘이 작용할 때의 압력 단위.

킬로퀴리(⊂프.kilocurie) ≪물≫ 1,000전자볼트가 되는 방사능 단위.

킬로그램중(영.killogram重) ≪물≫ 힘의 단위. 1그램 중의 1,000배. 기호 Kgw, Kgf.

킬로볼트(영.kil Lovolt) ≪물≫ 1,000볼트를 나타내는 단위. 기호 kV.

킬로암페어(⊂영.kiloampere) ≪물≫ 1,000암페어를 나타내는 단위. 기호 kA.

킬로와트(영.kilowatt) ≪물≫ 1,000와트를 나타내는 단위. 기호 kkW. 준킬로

킬로(그,영.kilo) 킬로와트, 킬로그램, 킬로미터의 준말.

킬로와트시(영.kilowatt-hour) ≪물≫ 1,000와트시를 나타내는 단위. 기호 kwh.

킬로전자볼트(영.kilo전자volt) ≪물≫ 1,000전자볼트를 나타내는 단위. 기호 keV.

킬로퀴리(⊂프.kilocurie) ≪물≫ 1,000전자볼트가 되는 방사능 단위.

3. 양 또는 단위의 의존명사

갈(프.gal) 가속도의 시지에스(C.G.S) 단위. $1cm/sec^2$.

갤런(영.gallon) 영국의 부피 단위로 기호는 gal, 약 $4.546l$이다. 미
   국의 1갤런은 $3.785l$이다.

그램칼로리(영.gramcalorie) 칼로리를 킬로그램칼로리에 대하여 일
   컫는 말.

그로스(프.grosse) 열두 다스 곧 백마흔네 개.

래드(영.rad) 물체에 쬔 방사선 분량의 단위. 방사선 종류에 관계없이
   물체 1g에 100에르그를 받을 경우를 1래드라 한다.

럭스(영.lux) ≪물≫ 1촉광의 광원이 1m 거리에 있는 $1㎡$를 비치는
   밝기의 단위. 기호 lx.

루멘(도.lumen) ≪물≫ 빛과 발(광속)의 단위. 1칸델라의 점광원을
   중심으로 1m 반지름의 구면에 $1㎡$의 넓이를 비추는 빛다발.

리터(영.liter,litre) 미터법에서 1입방 데시미터, 곧 약 5홉 5작에 해
   당하는 들이의 단위. 기호 l 또는 lit.

림(영.ream) 양지를 세는 단위. 보통 480장인데 신문용지는 500장
   이다.

메가바이트(영.megabyte) 데이터의 양을 나타내는 단위의 하나. 1,0
   24킬로바이트 또는 1,048,576 바이트. 기호 MB.

메가사이클(C프.megacycle) ≪물≫ 100만 사이클. 기호 M.C. 비메가
헤르츠

메가헤르츠(프.mega 도Hertz) ≪물≫ =메가사이클

메시(영.mesh) 쳇눈 또는 가루 알갱이의 크기를 나타내는 단위. 보
통 1㎠에 뚫린 구멍의 수로 나타낸다.

모(mho) ≪물≫ 전기전도율의 실용 단위. 단면 1㎠ 길이 1cm의 도
체의 전기저항이 1Ω일 때에 그 물체의 전도율을 가리킨다.
'ohm'을 거꾸로 한 말로 기호도 Ʊ로 쓴다.

옴(도.ohm) ≪물≫ 전기저항의 실용 단위. 두 끝에 1볼트의 전위치
가 있는 도선에 1암페어의 전류가 흐를 때, 그 도선이 작용하
는 저항. 기호 Ω.

미크론(그.micron) 전기 음향의 파장 분자와 분자 사이의 거리. 미
생물의 크기 같은 것을 재는 단위. 1㎜의 1,000분의 1에 해당
하며 기호는 'μ'로 나타낸다.

밀리뢴트겐(도.milliröntgen) 1,000분의 1뢴트겐.

밀리리터(영.millitre) 1,000분의 1리터. 기호 ml.

밀리몰(millimel) ≪화≫ 농도의 단위. 1,000분의 1몰.

밀리와트(milliwatt) 1,000분의 1와트. 기호. mW.

바이트(영.byte) =정보 단위.

센티리터(영.centiliter) 100분의 1리터. 기호 cl.

에이커(영.acre) 땅 넓이의 영국 단위. 약 4,047㎡.

와트시(영.watt時) ≪물≫ 전기에너지의 실용 단위. 1와트의 전력으
로써 한 시간에 하는 일의 양.

와트초(미.watt秒) ≪물≫ 1와트의 전력으로써 1초 동안에 하는 일
의 양.

줄(영.joule) ≪물≫ 일과 에너지의 절대 단위. 1천만 에르그를 1줄
　　이라 한다.

칸델라(도.candela) ≪물≫ 광도의 단위. 1.769℃에서의 흑색 1㎠당
　　광도 60분의 1로서 1948년 국제도량형 총회에서 결정하였다.
　　기호 cd.

캘럿(영.carat) 금의 순도를 나타내는 단위. 순금을 24로 하고 24분
　　의 1을 1캐럿이라 한다. 기호 k. kt.

쿼트(영.quart) 야드, 파운드 법에서의 양의 한 단위. 4분의 1갤런.
　　미국에서는 약 0.95l, 영국에서는 약 1.11l에 해당한다.

퀴리(프.curie) ≪물≫ 방사능 물질의 양을 나타내는 단위. 라듐 1g
　　과 같은 방사능을 가진 질량이다. 기호 c.

킬로그램미터(영.kilogrammeter) 일의 단위. 1킬로그램의 물체를 높
　　이 1미터 끌어 올리는데 필요한 양의 분량.

킬로리터(영.kiloliter) 1,000리터를 나타내는 단위. 기호 kl.

킬로바이트(kilobyte) 데이터의 양을 나타내는 단위의 하나. 1,024바
　　이트를 말한다. 기호 Kb. 단이 단위가 기억장치의 용량을 나
　　타내는데 사용되면 kb 대신 k를 사용한다.

킬로사이클(영.kilocycle) ≪물≫ 1,000사이클을 나타내는 단위.

킬로칼로리(c영.kilocaloie) 1,000칼로리를 나타내는 열량의 단위.
　　기호 cal, kcal. ⓑ킬로그램칼로리.

킬로헤르츠(도.kilohertz) ≪물≫ 1,000헤르츠를 나타내는 단위. 기
　　호 kHz.

쿨롬(프.coulom) ≪물≫ 전하량의 실용 단위. 1암페어의 전류가 1
　　초 동안 운반하는 전하량이다.

텍스(프.tex) 실의 굵기를 나타내는 국제표준화기구 단위의 하나.

길이 1,000m의 무게가 1g이 되는 실의 굵기를 1텍스로 한다. 숫자가 작을수록 실이 가늘다.

톤(영.ton) 들이의 단위. 기차 화물은 100입방피트(약 2.783입방미터). 기선화물은 40입방피트(약 1.113입방미터). 기선의 짐 싣는 들이는 100입방피트(약 2.823입방미터)를 각각 1톤으로 하여 군함의 크기를 나타내는 배수량. 톤수는 영국, 톤수로 나타낸다.

폰(영.phon) 소리의 크기 단위.

피피엠(영.PPM. C parts per million) 농도의 단위로 1피피엠은 10^{-6}이다.

헥타르(영.hectare) 100아르를 나타내는 단위. 곧 10,000㎡에 해당한다. 기호ha.

헥토리터(영.hectolitre) 100리터를 나타내는 단위. 기호 hl.

4. 무게 단위의 의존명사

그램(영.gram) 미터법에 따른 무게 단위. 4℃의 물 1㎤의 무게를
　　표준한다. 기호 g 또는 gr.
롱톤(영.longton) 영국에서 쓰는 톤 곧 2,240파운드(1016.1kg).
마이크로그램(영.microgramme) 백만분의 1g. 'Ƴ'로 나타낸다.
메가톤(프.megatonne)티엔티 100만 톤의 폭발력과 같은 단위.
　　기호 Mt.
밀리그램(영.milligram) 1,000분의 1그램.
　　기호 mg.
센티그램(영. centigram) 100분의 1그램.
　　기호 cg.
캐럿(영.carat) 보석의 무게를 나타내는 단위. 약 205mg을 1캐럿이
　　라 한다.
퀸틀(영.quintal) 주로 곡물의 100kg에 해당하는 무게의 한 단위.
킬로(그,영.kilo) 킬로그램의 준말.
킬로그램(영.kilogram) 1,000그램을 나타내는 단위.
　　기호 kg. 〔준〕킬로.
킬로그램미터(영.kilogrammetre) ≪물≫ 일의 단위. 1킬로그램의 물
　　체를 높이 1미터 끌어올리는 데 필요한 일의 분량.

킬로톤(영.kiloton) 1,000톤을 나타내는 단위.

톤(영.ton) 무게의 단위. 프랑스에서는 1,000kg, 영국에서는 2,240
파운드(1016.1kg), 미국에서는 2,000파운드(907kg)를 1톤으로
한다.

기호 t.

헥토그램(영.hectogram) 100그램을 나타내는 단위.

기호 hg.

5. 길이 단위의 의존명사

마일(영.mile) 거리를 나타내는 단위의 하나. 1마일은 대략 1.6km쯤
　　　된다. ㊙영. 리⁴.

미터(영.metre) 미터법에 따른 길이의 기본 단위. 지구 자오선의 4,0
　　　00만분의 1로 정하였다.

　　　기호 m.

밀리(영.milli) '미리미터' 따위의 준말.

밀리미크론(millimicron) 길이의 단위. 1,000분의 1미크론.

　　　기호 mμ.

밀리미터(영.millimetre) 10분의 1센티미터.

　　　기호 mm. ㊚밀리.

센티(영.centi) 센티미터의 준말. 센티미터는 100분의 1미터이다.

　　　기호는 cm.

센티미터(영.centimetre) 100분의 1미터.

　　　기호 cm. ㊚센티.

킬로(그,영.kile) 킬로미터의 준말.

킬로미터(영.kilometre) 1,000미터를 나타내는 단위.

　　　기호 km. ㊚킬로.

피트(영.feet) 길이 단위의 하나. 1피트는 12인치이고 약 30.4cm에

해당한다.

헥토미터(영.hectometre) 100미터를 나타내는 단위.